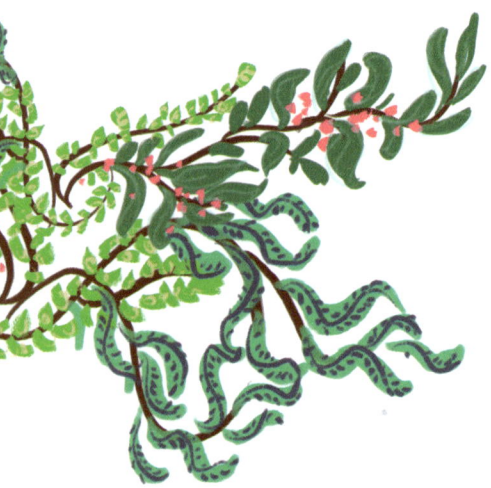

Reservados todos los derechos.
Cualquier forma de reproducción, distribución, comunicación pública o transformación de esta obra solo puede ser realizada con la autorización de sus titulares, salvo excepción prevista por la ley. Diríjase a CEDRO (Centro Español de Derechos Reprográficos) si necesita fotocopiar o escanear algún fragmento de esta obra (www.conlicencia.com; 917 021 970 / 932 720 447).

Licencia editorial por cesión de Edicions Bromera, SLU (www.bromera.com).

© Eva Prada Rodríguez, 2018
© Algar Editorial
    Apartado de correos 225 - 46600 Alzira
    www.algareditorial.com
Impresión: Grafo

1.ª edición: diciembre, 2018
ISBN: 978-84-9142-159-7
DL: V-3428-2018

Eva Prada

UN MUNDO DE MUJERES EXTRAORDINARIAS

algar

La otra parte de la historia

Cuando buceamos en la historia más antigua, desde el inicio de las primeras civilizaciones, encontramos multitud de restos arqueológicos que dibujan sociedades paritarias en las que las mujeres tuvieron un papel tan relevante que resultan sorprendentes incluso para nuestra cultura actual.

¿Qué pasó para que estas sociedades quedaran en el olvido? En algún momento, la representación de una mitad de la población –es decir, las mujeres– se desvanece de tal forma que a día de hoy no deja de asombrarnos que pudieran existir realidades tan diferentes tiempo atrás. La evolución de las técnicas arqueológicas y el avance de la ciencia nos permiten reconstruir esos pedazos olvidados de nuestro pasado. Del mismo modo que Hatshepsut acabó regresando a la posteridad tras haber sido borrada de la misma por sus sucesores, la verdadera realidad acaba emergiendo.

Este libro pretende ser una aproximación a esta realidad cierta pero a menudo invisible. Solo desde el conocimiento del pasado, con sus luces y sus sombras, podemos construir un mundo mejor. Y un mundo mejor, necesariamente, tiene que basarse en una sociedad más igualitaria, más justa y menos violenta y discriminatoria.

Seguro que, al leer el libro, se te ocurren otras mujeres que podrían haberse incluido. Es así. ¡Y ojalá se te ocurran muchas! Eso querrá decir que las cosas empiezan a cambiar. Mientras tanto, aquí hay representadas mujeres de todas las épocas, de todos los continentes y de todas las condiciones sociales. Hemos intentado contar su historia, desde el tiempo y el lugar en el que vivieron, pero también desde lo que pueden significar en la actualidad. En cierto modo, su vida es la nuestra, es la mía, es la tuya.

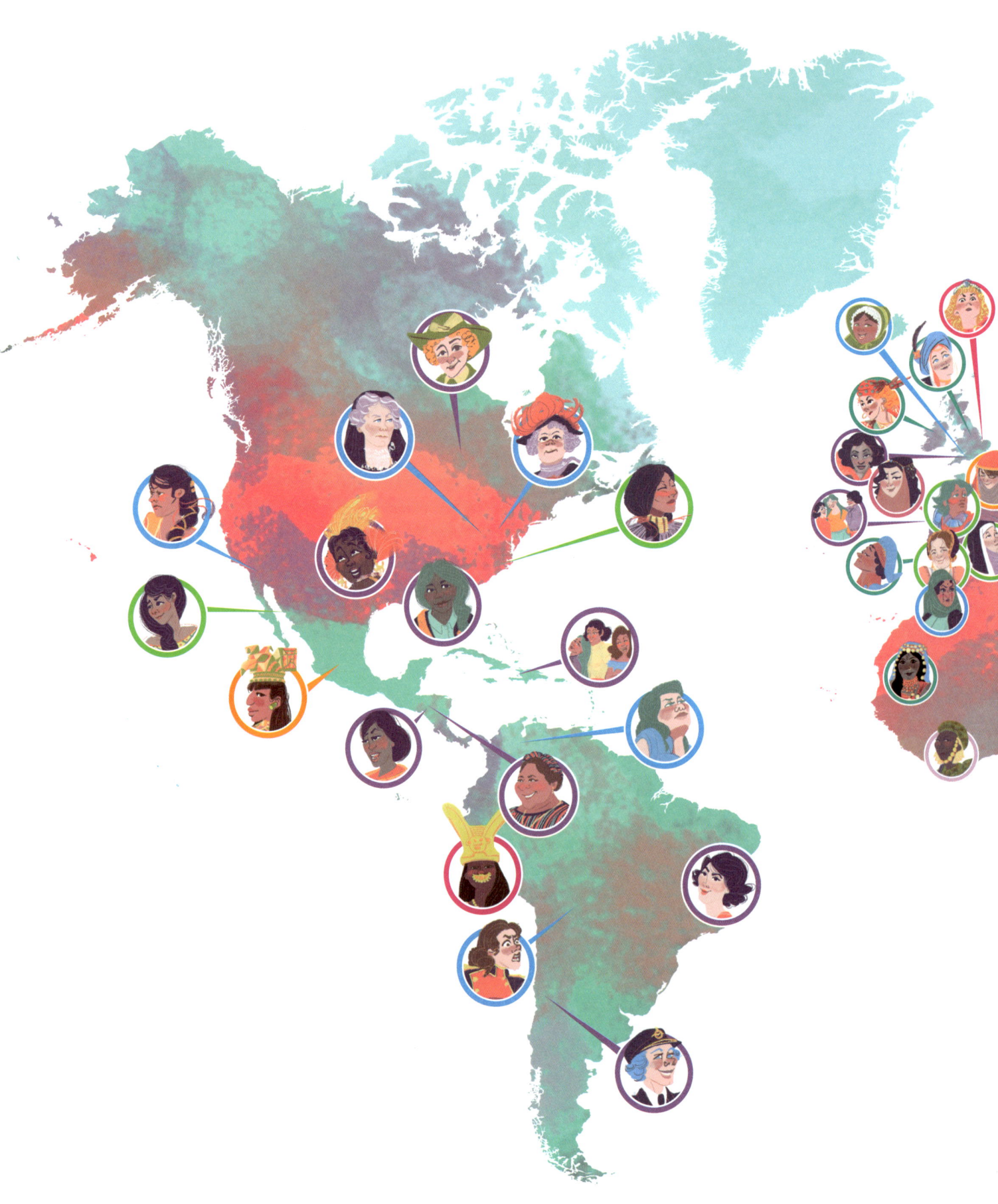

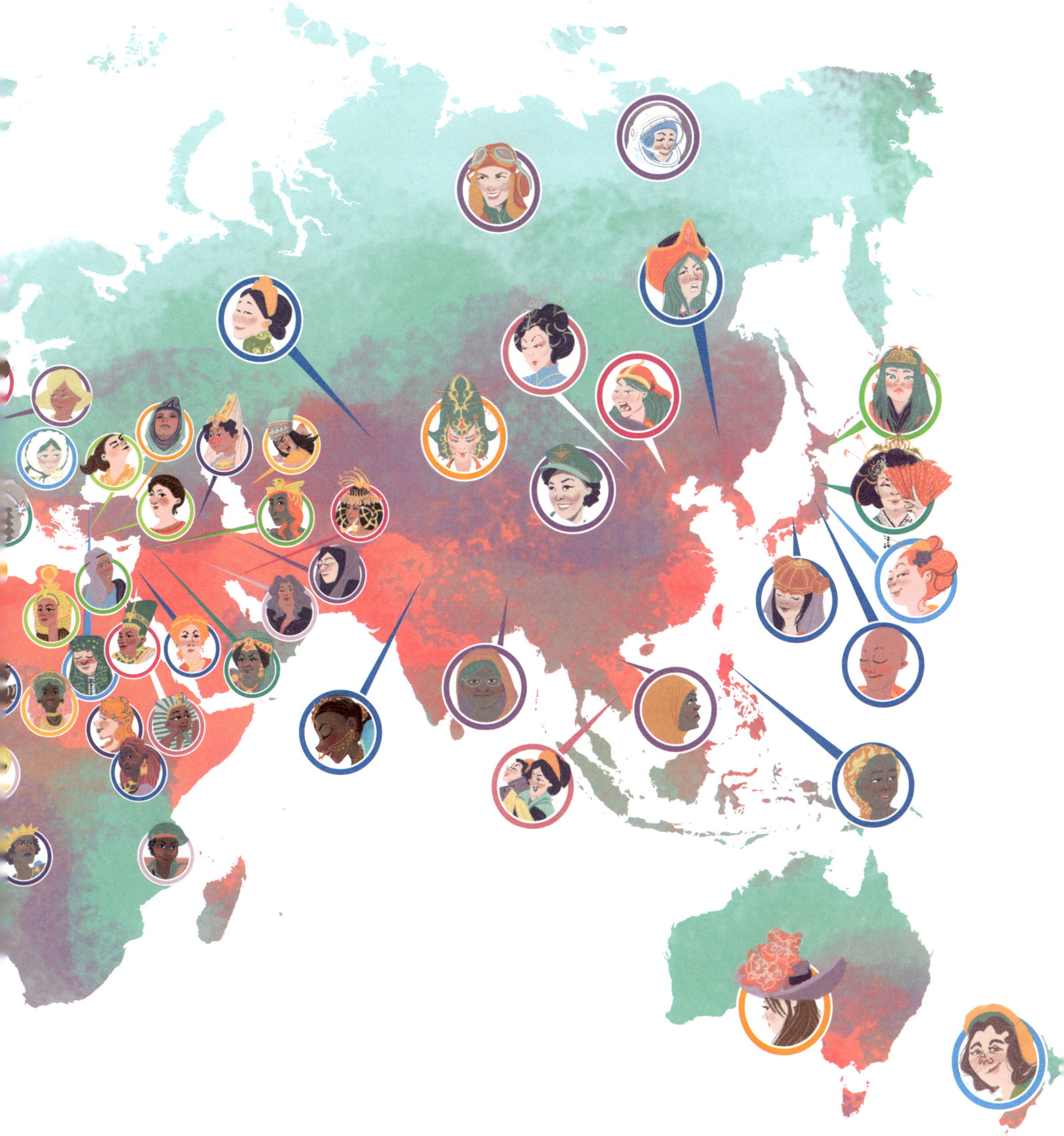

Oriente Medio

Entre los ríos Éufrates y Tigris, en la llamada Mesopotamia, se encuentra uno de los orígenes de la civilización. Allí encontramos las primeras ciudades documentadas de hace más de 4000 años, los primeros sistemas de escritura conocidos, los primeros imperios, algunas de las principales innovaciones tecnológicas… En lo que ahora son países como Irak, Irán, Siria o Turquía, identificamos algunas de las raíces de nuestro mundo actual.

Gracias a la arqueología, cada vez sabemos más de las mujeres que habitaron aquellas primeras civilizaciones. De las mujeres sencillas, pobres y trabajadoras, por desgracia, nos han llegado pocos testimonios. Pero sí que tenemos constancia de reinas, escritoras, sacerdotisas y guerreras que nos recuerdan el papel que debía de tener la mujer en aquellas sociedades.

s. XXIII a. C. · s. XV a. C. · s. XIII a. C. · s. VI a. C. · s. V a. C. · s. II

Enheduanna

**IRAK
Siglo XXIII a. C.**

La probada autoridad de la que disfrutó Enheduanna sugiere que las mujeres de la Antigüedad tenían acceso a la educación; muchas actuaban como escribas y algunas dominaron no solo el poder religioso, sino también el poder político en la sociedad de su tiempo.

Enheduanna vivió hace más de 4000 años en Mesopotamia, un territorio considerado como una de las cunas de la civilización. Es la escritora más antigua documentada y, además, el suyo es uno de los primeros nombres de mujer que conocemos. Enheduanna firmó sus obras literarias, escritas en tablillas de barro, y por eso su legado ha podido pasar de generación en generación hasta nuestros días.

Además de poeta, Enheduanna ocupó el cargo de suma sacerdotisa en el templo del dios Nannar (la Luna). Se trataba de un cargo de gran importancia religiosa y política, porque reforzaba el poder de su padre, el emperador Sargón, al sur de Sumeria, donde se encontraba la ciudad de Ur, una de las más destacadas de la época.

Durante el reinado de su hermano Rimush, fue expulsada por agitadora política, aunque después volvió a ejercer su función como suma sacerdotisa. Tras su muerte, la población llegó a adorarla como una semidiosa, según explican algunas fuentes.

s. III   s. IX   s. XII   s. XVI   s. XIX   s. XX

Hatshepsut

EGIPTO
Siglo XV a. C.

Quinta gobernante de la dinastía XVIII del antiguo Egipto, Hatshepsut no se conformó con reinar como esposa o regente, sino que decidió hacerlo en solitario, y fue pionera en el uso de la propaganda para fortalecer su imagen como faraón.

Eliminó de sus nombres y títulos todas las desinencias femeninas, se vistió como hombre y reinó durante 22 años de paz y prosperidad en Egipto.

Hatshepsut dedicó la mayor parte de su reinado a embellecer el país y a restaurar los templos, borrar las huellas de antiguas guerras y erigir obeliscos y templos que se cuentan entre los más importantes de la historia.

A pesar de ser una gobernante pacífica, ordenó al menos seis campañas militares para defenderse de los ataques o rebeliones de los territorios colindantes, nubios y sirios principalmente.

Aunque hay muchas lagunas sobre su vida personal, nombró heredera a su hija, lo que ha hecho pensar a algunas personas que pretendía inaugurar una dinastía femenina. Sea como fuere, ambas murieron en extrañas circunstancias (sí, ellas también: ser reina tenía sus peligros y no te podías fiar ni de tu sombra).

El nombre de Hatshepsut fue borrado sistemáticamente de los anales y de los edificios egipcios. Durante mucho tiempo se creyó que Tutmosis, el rey que la sucedió, llevó a cabo esta acción como venganza, pues no había peor castigo para los egipcios que eliminar su posteridad. Algunas teorías más modernas afirman que, al mismo tiempo, se trataba de deslegitimar las aspiraciones de la familia de Hatshepsut y su ambición matriarcal. En 2007, por fin, fue encontrada su tumba en el Valle de los Reyes, de manera que su verdadera historia, poco a poco, irá saliendo a la luz.

Puduhepa

TURQUÍA
Siglo XIII a. C.

La paridad que se intuye en la historia de Enheduanna se refleja también en la vida de Puduhepa, quien, en el antiguo Imperio hitita, reinó en igualdad de condiciones al lado de Hattusili III, su marido.

El Imperio hitita dominó una gran parte del Próximo Oriente desde su capital, Hattusa, en tierras de la actual Turquía. Puduhepa era hija del gran sacerdote de su ciudad natal y, como él, fue sacerdotisa en el templo dedicado a Ishtar, una de las principales diosas de la cultura mesopotámica.

Los hititas tenían un gran enemigo en Egipto, y Puduhepa luchó junto a su padre en la batalla de Qadesh contra el ejército egipcio de Ramsés II. Más tarde, subió al trono junto a Hattusili. Puduhepa mantuvo una importante correspondencia con la reina Nefertari e impulsó la paz entre ambos imperios tradicionalmente antagónicos a través de la firma de un tratado con Egipto (uno de los primeros documentados de la historia). Casó a sus hijas con los hijos de Ramsés II y, tras enviudar, se mantuvo en el poder largo tiempo ejerciendo gran influencia durante el reinado de su hijo. Y, por si esto fuera poco, vivió cerca de 90 años, una edad increíble para su tiempo.

Tomiris

**Entre el mar Caspio y el de Aral
Siglo VI a. C.**

Seguro que alguna vez has escuchado a alguien referirse a una mujer fuerte como una *amazona*. ¿Pero quiénes eran las amazonas? ¿Qué hay de verdad y de mito en su historia?

Disponemos de numerosos restos escritos y arqueológicos que prueban la existencia de mujeres guerreras, sobre todo en las estepas que van desde el Mediterráneo hasta China. Antes de la existencia de las pruebas de ADN, los restos humanos hallados junto a armas de guerra eran automáticamente catalogados como restos masculinos. Ahora, con mejores técnicas y más mujeres arqueólogas, se ha comprobado que muchos de esos restos pertenecían a mujeres y estos evidencian su participación activa en el combate. Más allá del nombre que reciban, lo cierto es que hubo sociedades con mujeres guerreras.

Tomiris ha sido considerada, tradicionalmente, una reina amazona. Sabemos que perteneció al pueblo de los masagetas, una nación nómada que vivió entre el mar de Aral y el mar Caspio. Estos destacaron por su habilidad como jinetes y con el uso del arco y las flechas, unas disciplinas en las que, como dice el refrán, más vale maña que fuerza.

Tomiris fue la reina de los masagetas en el siglo VI a. C. Su leyenda decía que podía vencer a tres hombres fornidos a la vez gracias a su gran pericia y agilidad. En el tiempo de su reinado, Ciro II el Grande, rey de los persas, pretendía conquistar Siria y Egipto y los masagetas se encontraban en medio de su camino.

Tras conquistar Babilonia, el rey persa intentó cerrar un matrimonio con Tomiris, quien respondió asesinando a los emisarios persas e iniciando el movimiento de ambos ejércitos. Ante la fuerza militar de Tomiris, cuentan que Ciro ideó una treta para pillar a los masagetas desprevenidos. Adelantó a la mayor parte de su ejército una jornada y dejó una pequeña tropa, la más débil y menos preparada, como señuelo.

Las tropas de Tomiris vencieron sin dificultad a este campamento, que se encontraba lleno de víveres. Los guerreros, tras su victoria, empezaron a comer y beber y acabaron borrachos como cubas. Justo lo que pretendía Ciro. Fue entonces cuando los persas contraatacaron. No solo mataron a la mayoría de los masagetas, sino que, además, secuestraron al hijo de Tomiris, quien no pudo soportar la humillación y se acabó suicidando.

Tomiris juró venganza y presentó batalla de nuevo. El rey Ciro cayó en el combate, y, según la tradición que se divulgó ya desde la antigua Grecia, Tomiris le cortó la cabeza y la metió en una vasija llena de sangre. Tras esta victoria, algunas fuentes apuntan que Tomiris fundó una ciudad, la actual Constanza, en Rumanía.

Artemisia I de Caria

TURQUÍA
Siglo V a. C.

Como ves, las relaciones entre las ciudades griegas, el Imperio persa y otras naciones siempre fueron un poco tensas. Artemisia fue reina de Halicarnaso, una ciudad griega protegida por el poderoso Imperio persa del rey Jerjes I. Apoyando la causa persa, Artemisia fue una de las primeras mujeres de la historia en dirigir una flota armada.

Durante la Segunda Guerra Médica, en la que los persas atacaron las polis griegas, Artemisia se unió a la ofensiva dirigida por Jerjes. Gran estratega, fue la única en advertir a tiempo la treta del griego Temístocles, con la que este pretendía atraer a las más numerosas y mejor armadas naves de Jerjes hacia un estrecho donde no pudiesen maniobrar. A pesar de todo, los persas no pudieron evitar el desastre y perdieron la batalla. Sin embargo, según explica la historia, Artemisia logró sobrevivir gracias a su astucia. Al ver acosado su navío por parte de los barcos atenienses, decidió embestir un navío de la flota de Jerjes. Al hundirse la nave, los griegos la confundieron con una aliada. Así logró escapar hacia las líneas persas, lo que provocó la ira y la vergüenza de los mandamases griegos.

Aspasia de Mileto

TURQUÍA
Siglo V a. C.

Por suerte, no todo fueron guerras en la Antigüedad. En muchas civilizaciones progresó la humanidad gracias a la literatura, la ciencia y la concordia. En la Grecia clásica, en uno de los momentos más florecientes de su cultura, sabemos de una mujer sabia e influyente que destacó por sus conocimientos médicos, hasta el punto de que, según parece, el mismo Sócrates le envió alumnos. Pensadores de la época, como Pericles, y otros posteriores, como Platón o Plutarco, la mencionan en sus escritos y alaban su sabiduría porque además fue maestra de retórica, historiadora y cronista.

Julia Domna

SIRIA
Siglo II

Consolidado ya el Imperio romano, la mujer del emperador Septimio Severo, llamada Julia Domna, transformó la corte romana e incorporó a mujeres intelectuales y filósofas al círculo del poder. De origen sirio, alcanzó una importancia insólita y recibió los máximos honores posibles: se acuñaron monedas con su efigie y el Senado le confirió el título de «Augusta».

Zenobia

SIRIA
Siglo III

En medio de dos poderosos imperios, el romano y el persa, Zenobia se convirtió en dirigente del breve Imperio de Palmira.

Según cuentan las crónicas, fue una persona culta, que dominaba diferentes lenguas, como árabe, arameo, griego y latín, y tenía una gran habilidad con el arco y las flechas.

Siendo adolescente, Zenobia se casó con el rey Septimio Odenato, gobernante del reino de Palmira. La capital, del mismo nombre, era una ciudad próspera, muy poblada, que servía como puerta de entrada y muro de contención frente a los persas. El rey tenía ya un hijo de un matrimonio anterior, pero Zenobia y él tuvieron otro. Como pasa tantas veces en la historia, el pobre Odenato y su primogénito fueron asesinados, así que Zenobia asumió la regencia y su bebé se convirtió en heredero.

El pueblo de Palmira se levantó en armas contra el control romano y lanzó varias campañas militares para crear un nuevo imperio. Bajo la dirección de Zenobia, el Imperio de Palmira llegó a dominar grandes extensiones de terreno, desde Mesopotamia hasta el mismo Egipto. Aunque no existía Twitter ni Instagram, Zenobia sabía que había que utilizar la propaganda y mandó levantar estatuas y acuñar monedas en su honor.

A pesar de sus rápidos éxitos, los romanos no se dejarían vencer por ella fácilmente. Por eso, el emperador Aureliano lanzó un contraataque y consiguió recuperar Egipto y empujar las tropas de Palmira hacia su territorio natural. Al final, sitió la ciudad y capturó a Zenobia, traicionada por algunos líderes de su breve imperio. Según cuentan las crónicas, Aureliano la hizo desfilar por las calles de Roma con los honores de los mayores líderes, como si dijera: «Fijaos si soy poderoso, que he vencido a una mujer así».

Desde entonces, Zenobia se convirtió en un personaje mítico, que ha dado lugar a numerosas leyendas y representaciones artísticas hasta la actualidad. Sin duda, su imagen se ha convertido en uno de los principales símbolos de la historia de las mujeres de la Antigüedad.

Kassia

TURQUÍA
Siglo IX

Probablemente sabes que el Imperio romano se dividió en dos a partir del siglo v. El Imperio romano de Oriente se convirtió en una gran potencia cristiana, Bizancio, donde se desarrolló un arte muy característico. Kassia nació en el siglo IX en aquel imperio y destacó como poeta y compositora. Además, según dicen, defendió la posición de la mujer ante el emperador Teófilo. Él afirmó que la mujer era el origen de todos los males, como Eva, pero Kassia le argumentó que era al revés, el origen del bien, como María, la madre de Jesús.

Melisenda de Jerusalén

ISRAEL
Siglo XII

Si alguna vez tienes ganas de curiosear, investiga sobre las mujeres en el siglo XII, un periodo convulso entre Europa y Asia.

Entre otras cosas, fue una época de constantes tensiones en Jerusalén, donde los cruzados pretendían extender el poder cristiano de origen europeo. Allí, una mujer, Melisenda, heredó el trono de un descendiente de los cruzados. Se convirtió en reina por derecho propio a la muerte de su padre, Balduino II, en una época en que apenas había mujeres que gobernaran por sí solas. Hay que decir que necesitaba a un marido que legitimara su reinado, por lo que tuvo que compartir el cargo con un tal Fulco.

Al parecer, esto de compartir las tareas dinásticas no gustaba mucho a Fulco, de manera que las luchas y las intrigas, las rebeliones y las acusaciones fueron constantes. Melisenda tuvo que soportar la misma situación con su propio hijo durante el tiempo en que actuó como regente tras la abdicación de su marido. Gobernó Judea, Samaria y Jerusalén hasta la invasión de su hijo Balduino III. Tras la guerra civil, y por mediación de la Iglesia, le concedieron el gobierno de la ciudad de Nablus y sus territorios hasta el final de sus días.

Roxelana

TURQUÍA
Siglo XVI

Todavía hoy es un enigma cómo una mujer de orígenes plebeyos se convirtió en la esposa del poderoso sultán otomano Solimán el Magnífico y llegó a ser una de las mujeres más influyentes del siglo XVI.

Probablemente Roxelana nació en el interior de Europa, en tierras de la actual Polonia o Ucrania. De joven, fue raptada y vendida como esclava al Imperio turco y acabó formando parte del harén del sultán Solimán el Magnífico. Con el tiempo, este la acabaría considerando su favorita y, aunque tenía hijos con otras mujeres, se casó con ella en una boda sin precedentes. Tuvieron un hijo, Selim, que se convirtió en heredero del trono otomano.

La relación entre Solimán y Roxelana ha pasado a la historia como un gran romance. Sus tumbas se construyeron próximas, en un mausoleo majestuoso en el interior de la gran mezquita de Estambul. Además, Roxelana ha perdurado en el recuerdo como una mujer inteligente de gran capacidad política, además de mecenas y amante de la cultura. No en vano, el gran pintor Tiziano la retrató en un famoso cuadro; el mismo artista pintó un retrato de Isabel de Portugal, esposa de Carlos V, gran enemigo de Solimán. Lo que podría parecer una ironía de la historia, es, en verdad, una prueba de la admiración y la importancia que alcanzaron estas dos grandes reinas del siglo XVI.

Mahidevran Gülbahar

Región del Cáucaso
Siglo XVI

En los juegos de poder (y más si se trata de la intriga de las cortes), unos pierden para que otros ganen. En una de tantas partidas, Mahidevran fue una de las vencidas.

Como Roxelana, Mahidevran fue una mujer de orígenes desconocidos que consiguió ascender en un harén de 300 mujeres y llegar a ser la primera esposa del poderoso sultán otomano Solimán.

Hasta la llegada de Roxelana, Mahidevran Gülbahar ya había dado dos hijos al sultán cuando este tomó el poder del Imperio otomano. Como madre del heredero, ejercía un gran poder en la corte. Pero Roxelana puso fin a esa situación, como ya hemos visto antes, y Mahidevran se vio relegada, repudiada y obligada al exilio durante muchos años. A pesar de todo, logró sobrevivir a todos sus rivales, incluso a Roxelana y a su hijo, y consiguió que se reparara en parte su situación cuando el nieto de Roxelana, el sultán Selim II, le concedió una renta vitalicia en compensación por todas las traiciones y afrentas que había sufrido.

Fátimih Baragháni

IRÁN
Siglo XIX

En el Irán del siglo XIX, marcado por las tensiones coloniales y religiosas, destacó Fátimih Baragháni como defensora de la emancipación de las mujeres. Sí, la lucha por la libertad no se daba solo en Europa: en muchos otros lugares había mujeres dispuestas a conseguirla. Y no era fácil. Con poco más de 30 años, Fátimih fue acusada de un crimen que probablemente no había cometido y fue ejecutada.

Fátimih Baragháni recibió una buena formación académica, en el ámbito religioso, literario y jurídico. Según cuentan algunas fuentes, cuestionó la ortodoxia religiosa y defendió públicamente la emancipación de las mujeres, llegando a desprenderse del velo delante de su comunidad como gesto simbólico. Hasta su asesinato, luchó para garantizar el acceso de las mujeres a la alfabetización y su derecho a escoger su propio destino.

Zaha Hadid

IRAK
Siglo XX

Que nadie te diga que la arquitectura solo es cosa de hombres. Y que tampoco te digan que es cosa del mundo occidental. Zaha Hadid, nacida en Irak en 1950, ha sido una de las principales figuras de la arquitectura del final del siglo XX y el principio del XXI. No en vano, en 2004 fue la primera mujer en conseguir el Premio Pritzker, considerado como el Nobel de arquitectura.

Nacida en Bagdad en una familia acomodada, Zaha fue educada entre Europa y Oriente Medio. Estudió secundaria en Suiza y obtuvo la carrera de Matemáticas en Beirut, tras lo cual se marchó a Londres para estudiar Arquitectura. Además de su trabajo como arquitecta, ejerció también la docencia, impartió clases en Harvard y en otras muchas universidades de prestigio en todo el mundo.

Su obra arquitectónica se extiende por los cinco continentes. Sus edificios se alejan del diseño lineal y destacan por el uso de las líneas curvas. Zaha Hadid, que murió prematuramente en 2016, pasará a la historia por su visión innovadora y la gran influencia que ha ejercido y ejerce en otros grandes arquitectos posteriores. Diseñadora de ropa e interiores, además de arquitecta, fue una mujer muy creativa, que estableció puentes entre Oriente y Occidente y que luchó vivamente para romper el tópico de que la arquitectura es cosa de hombres. Recordemos a Zaha para decirlo bien fuerte: ¡no, no solo es cosa de hombres!

África

Quien visite África no olvidará jamás el continente. Y una mirada atenta le permitirá darse cuenta de la importancia que tienen las mujeres en muchas sociedades africanas. La existencia de dinastías matriarcales, donde el poder recaía en las mujeres, como en el caso de las reinas de Meroe, nos ayuda a comprender mejor una de las características más profundas e inspiradoras de este continente.

s. XV a. C.   s. IX a. C.   s. IV a. C.   s. I a. C.   s. IV

Nefertiti

EGIPTO
Siglo XV a. C.

Su nombre se puede traducir literalmente por «la bella ha llegado» y quizás es esta, su belleza, la faceta más conocida de Nefertiti, reforzada, sin duda, por los hermosos relieves, estatuillas y bustos que han llegado hasta nosotros y que representan su imagen. Además, a pesar de los adelantos en la investigación arqueológica (como los análisis de ADN), todavía no se ha podido desvelar la totalidad de la vida de Nefertiti. Eso contribuye a mantener su leyenda, y su carácter mágico.

Sabemos que Nefertiti estuvo casada con Amenhotep IV. Con frecuencia aparece representada en igualdad de condiciones con su marido. En ningún otro período de la historia de Egipto el rey aparece acompañado de forma tan sistemática por su esposa en escenas importantes.

Nefertiti fue una gran diplomática, intervino para conseguir una convivencia cordial con sus principales enemigos, los hititas, y firmó el tratado de paz de Qadesh. Eran tiempos de paz y prosperidad.

Durante milenios, el arte egipcio fue frío y monumental, pero en el reinado de Nefertiti se dio paso a la emoción. La iconografía cambió radicalmente, y en ella la figura de Nefertiti brilló con luz propia. Recientemente, el egiptólogo alemán Hermann Schlögl ha vuelto a traducir la inscripción de la Gran Sala de las Columnas del templo de Karnak y defiende que fue Nefertiti la principal responsable de los cambios de su tiempo.

s. VII   s. XV   s. XVI   s. XVII   s. XX

Elisa de Tiro

TÚNEZ
Siglo IX a. C.

Elisa de Tiro (o Dido, en latín) era la hija del rey fenicio Matán. Cuando su marido fue asesinado por su hermano Pigmalión, Dido huyó desde su ciudad natal, Tiro, hasta una tierra de nadie cerca del actual Túnez.

Negoció con los nativos para comprar tanta tierra como pudiera abarcar la piel de un buey. Inteligentemente, Dido hizo cortar la piel en tiras lo más finas posibles y las dispuso abarcando una gran extensión de tierra fértil. Bajo su mando se construyó la ciudad que acabaría convirtiéndose en la poderosa Cartago, la capital de un imperio que dominaría el Mediterráneo durante siglos.

En aquella ciudad se desarrollaron algunas de las tecnologías más innovadoras de la Antigüedad. Disponían de un puerto enorme, con espacio para cientos de barcos de guerra, de los más veloces y fuertes de la época.

La historia de Dido tiene una dimensión legendaria y trágica. En la *Eneida*, Virgilio cuenta que Eneas, el héroe huido de la guerra de Troya, fue hospedado por la reina. Se enamoraron apasionadamente, pero Eneas regresó a Italia por orden de los dioses. Tras la marcha del héroe, la desconsolada reina acabó con su vida. Otras versiones nos explican que se suicidó para evitar un matrimonio forzoso con Jarbas, rey de los libios.

Cleopatra

EGIPTO
Siglo I a. C.

Cleopatra fue la última reina egipcia perteneciente a la dinastía heredera de Alejandro Magno, los ptolomeos. El reino se hallaba en una crisis económica y política; como su padre había terminado expulsado de Alejandría, el Senado romano devolvió el poder a Cleopatra a cambio de convertir Egipto en un protectorado romano.

No dudó en tener un hijo con Julio César y formalizar una nueva pareja con este descendiente para reforzar su reinado y alejar a su hermano del poder. Tras la muerte de Julio César, el Imperio romano cayó en una terrible guerra civil, tras la que Marco Antonio recibió las provincias orientales, entre las que se encontraba el Egipto de Cleopatra.

Cleopatra se enamoró de Marco Antonio, con quien tuvo tres hijos, aunque también es cierto que vio una oportunidad de recuperar el antiguo esplendor del Imperio ptolemaico ante un Imperio romano dividido. Las aspiraciones imperiales de Cleopatra ascendieron tras los triunfos de Marco Antonio en Oriente, quien además decidió repartir los territorios con los hijos que tuvo con esta, y repudiar así a su esposa romana. Este hecho fue utilizado por su rival Octavio, quien consiguió poner a Occidente en contra de Marco Antonio y declarar la guerra a Cleopatra. Al ganar la guerra y convertirse en emperador, Octavio se encargó de propagar la imagen más negativa de Cleopatra, pero no consiguió desvanecer su legado.

Reinas de Meroe

**SUDÁN
Siglo VI a. C.**

Para los egipcios, Nubia era la fuente de su oro, sus materias primas y sus fuertes esclavos. Cuando el poder de los faraones empezó a debilitarse, los nubios se rebelaron. Desde el siglo II a. C., en las orillas del Nilo, en las tierras de la actual Sudán, se alzó un reino matriarcal, cuyas construcciones, ruinas y templos compiten en belleza con los de sus eternos enemigos, los egipcios.

Las ruinas del templo de Amón de Naga muestran símbolos y relieves de las reinas negras. Estas adoptaron muchos dioses de la cultura egipcia para luego africanizar su forma. El reino de Meroe se situaba en el cruce de las dos principales rutas comerciales que atravesaban el continente.

Estas mujeres defendieron el reino de las incursiones romanas que se sucedieron tras la derrota de Cleopatra. La reina Amanishakheto hizo frente al invasor con su ejército de poderosos arqueros y Roma se vio obligada a firmar la paz.

Aunque la escritura meroítica aún no ha sido descifrada, se sabe que la mujer era el centro de la familia y la sociedad; la madre era la propietaria de todo, y sus hijas, las herederas. Las reinas ejercían también como líderes guerreras y sacerdotisas.

Hipatia de Alejandría

**EGIPTO
Siglo IV**

La vida de una de las matemáticas, astrónomas y filósofas paganas más brillantes acabó trágicamente en el año 415 d. C., cuando una turba la mató con extrema crueldad.

Alejandría, centro de la ciencia, la cultura y el arte helenístico, heredera de la cultura griega clásica, era parte del Imperio romano de Oriente. La gobernaba oficialmente un prefecto del emperador de Constantinopla, pero de modo no oficial la controlaba su obispo (el cristianismo ya era la religión del imperio).

Hipatia destacó en matemáticas, filosofía y astronomía, era muy admirada y contaba con numerosos discípulos. Cartografió los cuerpos celestes y confeccionó un planisferio, se interesó por la mecánica e inventó el astrolabio moderno. Se trata de un instrumento astronómico que permite determinar la posición y altura de las estrellas en el cielo, lo que sirve para orientarse y saber la hora.

La casa de Hipatia se convirtió en un centro de instrucción donde acudían estudiantes de todas partes del mundo romano, atraídos por su fama. Sabia e influyente, era además cercana al prefecto de la ciudad, Orestes, enemigo natural del obispo.

Los conflictos entre el poder oficial y el religioso estaban en su punto más álgido, e Hipatia reunía varias condiciones que amenazaban a este último: era pagana, próxima al emperador y, además, tenía muchos seguidores. Por ello, fue perseguida y martirizada hasta la muerte. Un final tan cruel tuvo un objetivo ejemplarizante y supuso el ocaso de las ideas helenísticas.

Kahina

**MAURITANIA
Siglo VII**

En pleno siglo VII, Kahina se alzó líder en un mundo de hombres. No estaba dispuesta a que su pueblo, los bereberes, sucumbieran ante la conquista de los árabes, y luchó con valentía y coraje hasta la muerte.

En aquel tiempo, el norte de África recibía el nombre de Mauritania y comprendía buena parte del territorio actual de Marruecos, Argelia, Túnez, Libia, Sáhara Occidental, Mauritania y Mali. Allí vivía el pueblo bereber, mayoritariamente nómada, deseoso de libertad y constituido como una sociedad igualitaria.

Los árabes se estaban expandiendo para difundir el islam. Los omeyas habían mandado un ejército de más de 10 000 hombres en su afán de conquista del norte de África. Los bereberes, por su parte, formaron alianza con el Imperio bizantino y consiguieron así frenar aquella primera ofensiva. Pero en el año 690 otro ejército musulmán volvió a conquistar el área, derrotaron al líder bereber y dieron jaque a los bizantinos atacando Constantinopla al mismo tiempo.

Entonces, los bereberes decidieron nombrar a un nuevo líder. Esta vez fue en femenino: la anciana Dahia fue la elegida, y pasó a llamarse Kahina.

Kahina llevaba tiempo luchando contra los árabes junto al anterior líder bereber. Por aquel entonces tenía 67 años, era viuda y tenía tres hijos. Ya era una mujer poderosa y se sabe que llegó a disponer de un harén de más de 400 hombres.

Destacó por sus dotes en la planificación militar. Derrotó a los árabes en la gran batalla de Wadi Niskiana y en otras como las de Tehuda o Meskiana.

Kahina sabía que los musulmanes regresarían y decidió aplicar la técnica militar de la tierra quemada. Pero esto le costó el apoyo de las tribus bereberes sedentarias, que veían cómo desaparecía su medio de vida. Estas tribus sedentarias, finalmente, la acabaron traicionando.

Sayyida al-Hurra

**MARRUECOS
Siglo XV**

De origen andalusí, fue gobernadora de Tetuán y reina de Marruecos. Su nombre se puede traducir como «la Dama Libre» y pasó a la historia por sus terribles actos de piratería contra los corsarios portugueses y españoles.

Sayyida al-Hurra perteneció a una familia de andalusíes nobles que huyeron al norte de África ante el avance de los Reyes Católicos.

Con 16 años se casó con el gobernador y fundador de Tetuán, antiguo alcalde granadino. Tras el retiro de su marido, por cuestiones de salud, Sayyida gobernó durante más de treinta años. Ya en la cincuentena, se casó con el sultán de Marruecos para conseguir consolidar una situación de poder que no pensaba abandonar.

Fue la cabecilla indiscutible de los piratas del Mediterráneo occidental, entre los que estuvo el famoso Barbarroja. Los problemas diplomáticos que causaba la protección que Sayyida proporcionaba al corso, junto a las conspiraciones de sus familiares pertenecientes a facciones contrarias, precipitaron el brusco final de su gobierno.

En 1542 sus enemigos entraron en Tetuán, la expulsaron de la ciudad y le arrebataron todos sus bienes. Su fin no está claro, aunque se cree que volvió a casa de sus padres, donde murió. Convertida en un icono del empoderamiento femenino, hoy en día su tumba sigue siendo visitada.

NÍGER
Siglo XVI

Amina de Zaria

Los reinos hausa ocupaban la superficie de los actuales Níger y Nigeria. Con 22 millones de habitantes, el pueblo hausa es el grupo étnico más grande de África Central. Entre los siglos V-VII d. C., el país de Hausa estaba dividido en siete estados, pero no empezaron a controlar realmente la región hasta el siglo XIII.

Amina, descendiente de las reinas Habe o Kufuru, provenía de un reino songhai del curso medio del Níger. Gobernó el Imperio hausa en el siglo XVIII y extendió los límites de su estado hasta la costa Atlántica. Dirigió personalmente a un ejército de 20 000 soldados. Con ello no solo demostró una gran capacidad militar, sino que consiguió crear y ampliar las rutas comerciales existentes.

Fundó numerosas ciudades que habían comenzado como campamentos fortificados de sus numerosas campañas militares. También se le atribuye la construcción de la famosa pared de Zaria, una importante muralla. Siempre rechazó casarse para mantener su autoridad, y reinó durante 34 años.

ETIOPÍA
Siglo XVI

Sabla Wangel

Etiopía es el estado más antiguo de África. Desarrolló una rica cultura y no fue ocupada por imperios coloniales a excepción de los cinco años de invasión fascista de Mussolini.

Sabemos que, tras la muerte del emperador Eleni en Etiopía, su esposa Sabla Wangel asumió el trono. Su reinado se considera una de las épocas más gloriosas del Imperio etíope. Sabla también dedicó su vida a la guerra incluso antes de llegar al trono. Atendía a los heridos en combate y participó en la conquista de los altiplanos a favor de la causa cristiana copta. Etiopía era entonces un reino cristiano rodeado por los musulmanes, en plena expansión.

Se alió con los portugueses, de manera que ella conseguía ayuda militar frente a las invasiones musulmanas y los europeos obtenían asentamiento estratégico en el comercio de la época. Mantuvo así el territorio intacto durante su reinado y planificó las siguientes sucesiones para continuar con su legado. Fue un modelo para otras reinas etíopes: como gobernante, como negociadora y como persona determinada y valiente.

Ngola Ana Nzinga Mbandi
ANGOLA Siglo XVII

Años antes del nacimiento de Nzinga Mbandi, los portugueses habían conquistado el reino de Ndongo y habían establecido en Luanda su centro para el comercio de esclavos con destino a Brasil.

El rey Ngola Mbandi colaboró con los portugueses en la captura de esclavos a cambio de la independencia de su reino. Tras la muerte de su hermano, Nzinga subió al trono en 1624. Los portugueses, temerosos de que se rompiera el acuerdo, nombraron a su propio rey. En el exilio, Nzinga creó el reino de Matamba y se dedicó a la formación de una gran alianza entre todos los enemigos de Portugal, entre ellos los holandeses.

Llegó a vencer a los lusos, pero, tras varias batallas, perdió Luanda. De cualquier manera, Nzinga se mantuvo en el trono y aseguró la independencia de su reino de los portugueses hasta los 82 años.

Funmilayo Ransome-Kuti
NIGERIA Siglo XX

Educadora, feminista y activista por la igualdad y los derechos de sufragio en Nigeria. Pertenecía a la etnia yoruba, donde las mujeres tomaban decisiones en el sistema político y contribuían a la producción, distribución y comercio de diferentes materias y alimentos.

En 1912 Nigeria se convirtió en un protectorado británico. Los británicos disminuyeron el poder de las mujeres y cambiaron los planes de estudio femeninos para convertirlas en amas de casa; surgieron entonces los prejuicios de género, y, con estos, la negación de préstamos a las mujeres y el fin de su independencia económica.

Funmilayo fundó la Unión Nacional de Educadores para mejorar la educación de las mujeres. Organizó el movimiento feminista contra los impuestos a los negocios femeninos y luchó por la igualdad y la justicia. Crítica con la poligamia, luchó también por el sufragio femenino y peleó por el fin de su colonización y todas las formas de dominación local y nacional.

Yaa Asantewaa
GHANA Siglo XX

Es una de las figuras más reverenciadas de la historia moderna de Ghana. Tras la derrota del rey del pueblo Asante a manos del gobernador británico de Ghana, Yaa Asantewaa, indignada por la brutalidad de los métodos británicos para imponer su dominio, el 28 de marzo de 1900, dirigió a su nación en la guerra de independencia contra los británicos.

Movilizó a las tropas y cercó durante meses a la misión británica de Kumasi. Los británicos tuvieron que desplegar a miles de soldados y fuerte artillería para romper el sitio, destruyeron numerosas poblaciones y lograron capturar a Yaa Asantewaa, que murió en el destierro en las islas Seychelles veinte años después.

Josina Muthemba Machel

**MOZAMBIQUE
Siglo XX**

Josina Muthemba Machel es una de las personalidades más importantes de la historia política y social reciente de Mozambique. Miembro de la oposición clandestina a la administración colonial portuguesa, promovió la emancipación de las mujeres africanas hasta la extenuación. Su figura es tan importante en el país que, en la fecha de su muerte, el 7 de abril, se celebra el Día de la Mujer en Mozambique, al margen de la fecha mundialmente reconocida (el 8 de marzo).

Josina nació al sur del país, en una familia comprometida con el activismo anticolonial, y recibió formación primaria en una escuela para familias africanas «asimiladas», es decir, aquellas familias que atravesaban un proceso para constituirse en ciudadanos portugueses y dejar de ser considerados «indígenas». Sí, dicho así, suena bastante fuerte, pero el colonialismo no fue ningún juego. Josina se dio pronto cuenta de eso y desde bien joven se unió a movimientos estudiantiles que reivindicaban un sentido positivo de la identidad cultural mozambiqueña.

A los 18 años huyó del país con otros estudiantes para unirse en Tanzania al FRELIMO (Frente de Liberación de Mozambique). Fue detenida, y pocos meses después logró ser liberada gracias a la presión internacional ejercida por sus compañeros del FRELIMO. La volvieron a detener, se escapó, y sufrió una nueva detención: Josina recorrió miles de kilómetros en África, a través de varios países, por la defensa y su compromiso con el fin del colonialismo. En el día a día, trabajó duramente para dar apoyo a las familias, a los heridos y a las diferentes víctimas de la guerra, en particular, niños y niñas, sobre todo huérfanos.

Por desgracia, un cáncer acabó con la vida de Josina cuando solo tenía 25 años y un futuro lleno de sueños y esperanza.

América

La historia de América es mucho más rica y compleja de lo que las visiones coloniales han transmitido. Antes de la llegada de Colón, en aquel enorme continente se habían desarrollado importantes civilizaciones en las que destacaron numerosas mujeres. Después del período colonial, las mujeres también han tenido un gran protagonismo en la lucha por la independencia, la igualdad y el reconocimiento de la diversidad cultural, lingüística y étnica del continente.

s. IV — s. VII — s. XVI — s. XIX — s. XX

Señora de Cao

PERÚ
Siglo IV

Un ejemplo de estas mujeres fue la conocida como «Señora de Cao». En 2006 se descubrió su tumba, conservada desde hace más de 1 700 años. Gracias a este hallazgo, hoy sabemos que no solo hubo hombres gobernantes en el antiguo Perú. La Señora de Cao concentró el poder político y religioso de la cultura mochica, una sociedad que floreció mucho antes que el Imperio inca en el valle de Chicama, en el norte del país.

La tumba contenía cientos de joyas, collares, diademas, narigueras y dos cetros de plata y oro. Además, se encontró una armadura de 1 100 piezas de cobre dorado de 200 kilos que protegía el cuerpo de la dama, en el que se encontraron tatuajes en forma de araña y serpientes. Todo esto nos indica que la enterraron con emblemas de poder que hasta entonces solo se habían encontrado en tumbas masculinas (y que los tatuajes ya habían estado de moda en otros lugares del mundo, pero bueno, eso es otro tema…).

Reina Roja

MÉXICO
Siglo VII

Otro ejemplo que conocemos gracias a la arqueología es el de la Reina Roja, descubierta en 1994 en un antiguo templo de Palenque, una de las ciudades mayas más importantes y hermosas, situada en el actual estado mexicano de Chiapas. La reina fue nombrada así por el intenso color rojo de sus restos. La tumba contenía un lujoso ajuar funerario, propio de alguien muy importante en la sociedad de la época. Una máscara de malaquita cubría su rostro, mientras que otra más pequeña, de jade, adornaba su cetro. El intenso color rojo de la tumba se debe al uso del cinabrio, un mineral formado por mercurio y un poco de azufre que sirve para conservar los huesos (aunque los tiña de un rojo tan vivo que la reina de Palenque sea conocida por este color y no por su nombre verdadero, que era Ix Tz'akbu Ajaw).

La Malinche

MÉXICO
Siglo XVI

A menudo, la historia de América se ha escrito desde el punto de vista de los hombres y de los conquistadores. Por eso, necesitamos recuperar las vivencias de las mujeres que también han protagonizado el devenir del continente, incluso durante los tiempos de conquista. Ese es el caso de Malinalli Tenépatl, una mujer nahua que acompañó a Hernán Cortés durante sus campañas militares en lo que ahora es México.

Malinalli pertenecía al pueblo nahua. Parece que la suya era una familia acomodada y poderosa, pero por desgracia fue vendida como esclava al morir su padre y acabó en manos del señor maya de Potonchán. Fue este señor, tras caer derrotado en la batalla de Centla contra los españoles, quien entregó a Malinalli a Cortés para agasajar a los conquistadores (además de mujeres también les dieron oro y otros objetos de valor, ¡como si fuera lo mismo!).

Malinalli hablaba el náhuatl y maya, de manera que sus conocimientos fueron decisivos en muchas ocasiones. En parte, ha pasado a la historia por haber facilitado las conversaciones entre Hernán Cortés y Moctezuma, el último gran líder azteca.

El conquistador y Malinalli tuvieron un hijo juntos. Más tarde, Cortés la abandonó, pero le concedió la libertad y le consiguió una buena posición social. Dice la leyenda que ella le exigió que le prometiera una buena compensación por su ayuda. Pero la leyenda cuenta tantas cosas… Ni siquiera sabemos el nombre exacto de Malinalli, ni por qué ha pasado a la historia con el sobrenombre de la Malinche. En algunas regiones de América, la palabra *malinche* se refiere a alguien que no merece confianza, igual que Malinalli, que traicionó a su pueblo y se unió a los conquistadores. ¿Pero realmente Malinalli fue una traidora? ¿O fue una víctima más, atrapada entre dos culturas y rodeada de hombres que abusaron de ella? Fuera como fuera, su legado es importantísimo en el México actual y su figura se ha convertido en un auténtico mito. Sin duda, su papel de intérprete y consejera de Hernán Cortés fue clave en la conquista de México.

Matoaka

**EE. UU.
Siglo XVI**

Seguro que conoces la historia de Pocahontas, pero quizá no sabías que en realidad se llamaba Matoaka, que en la lengua americana indígena significaba «el arroyo brillante entre las colinas». Su vida se ha convertido en un símbolo de la relación entre los colonos ingleses y los americanos nativos.

A principios del siglo XVII los ingleses llegaron a las costas del actual estado de Virgina. Allí vivía una comunidad indígena de más de 15 000 habitantes, que reunía a diferentes tribus de lengua algonquina, y que se dedicaban, sobre todo, a la agricultura.

Los ingleses cayeron enfermos y, aunque habían llegado tres barcos con más de cien expedicionarios, apenas resistieron unas decenas. Uno de ellos era el famoso capitán John Smith. Su diario personal y las cartas que envió a Inglaterra son una de las principales fuentes de información sobre esta historia, así que ya te puedes imaginar que la versión de Pocahontas no ha llegado hasta nosotros.

No se sabe muy bien qué paso en verdad entre Pocahontas y John Smith. Él aseguró en sus escritos que ella le había salvado la vida en una ocasión, pero lo cierto es que en medio de los conflictos entre los ingleses y los nativos americanos, Pocahontas fue apresada para utilizarla como moneda de cambio (en plan: «O liberas a los ingleses que tienes presos o no te devuelvo a Pocahontas»). Más tarde se casó con un colono británico y se convirtió al cristianismo. Una nativa casada con un inglés y, además, cristiana, era un buen reclamo para la Compañía de Virginia, la empresa que lideraba la colonización de aquella parte de América. Así que, como si fuera un anuncio, se la llevaron a Inglaterra para presumir de integración. ¡Incluso la llevaron a palacio y la presentaron ante el rey Jaime y la reina Ana! Desgraciadamente, Matoaka murió poco antes de regresar a su tierra natal, víctima de alguna enfermedad infecciosa.

Juana Azurduy

**BOLIVIA
Siglo XIX**

El 3 de marzo de 1816 Juana, al frente de doscientas mujeres indias a caballo, logró derrotar a las tropas españolas que asediaban Bolivia, liberando además a su esposo (el general Manuel Asencio Padilla), que llevaba prisionero desde 1814. Comandó varios escuadrones y libró más de treinta combates, llegando a participar activamente en la liberación de la vecina Argentina.

Juana nació en una familia acomodada. Su padre era de origen español y su madre era mestiza, de manera que Juana sabía tanto castellano como quechua. Gracias a la posición de su familia, recibió una buena educación. A los doce años ingresó en un convento para llegar a monja (era el destino de muchas chicas «bien»), pero eso no la convenció y, al cabo de cinco años, la expulsaron del centro por mala conducta.

A los 25 años se casó con Manuel Asencio Padilla, también vinculado a la lucha anticolonial. Los dos formaron parte de diferentes acciones militares contra el poder colonial y conocieron el sabor dulce de la victoria y la amarga realidad de la derrota.

Tras la batalla de Huaqui, Juana y sus hijos fueron apresados, pero lograron escapar y se refugiaron en las alturas de Tarabuco. Después de otra derrota, Juana y sus leales se dedicaron a realizar acciones de guerrillas.

En otra batalla, Juana fue herida y, cuando Manuel fue a socorrerla, también fue alcanzado, con peor suerte: murió poco después. Juana siguió luchando por la independencia boliviana al lado de Martín Miguel de Güemes. Cuando este murió, Juana fue apartada y condenada a vivir en una situación de pobreza. Todo cambió cuando Simón Bolívar, uno de los principales líderes latinoamericanos, supo de sus malas condiciones de vida y, avergonzado, la ascendió al grado de coronel y le concedió una pensión. A pesar de eso, la convulsa política boliviana dio un nuevo giro y Juana perdió la pensión con el gobierno de José María Linares. Abocada otra vez a la pobreza, murió a punto de cumplir 82 años y fue enterrada en una fosa común. Un siglo después, sus restos fueron rescatados y en su honor se construyó un mausoleo en la ciudad de Sucre.

Lozen

EE. UU.
Siglo XIX

Una de las constantes de la historia de la humanidad ha sido la lucha entre los habitantes originarios de un lugar y los invasores. En el conflicto entre los americanos de origen europeo y los nativos, que fueron expulsados de sus tierras y condenados a la pérdida de su cultura, destacó Lozen, una guerrera apache.

Lozen dedicó su vida a la lucha por la supervivencia de su pueblo, junto a otros jefes, como su hermano Victorio y el famoso líder Gerónimo.

Ante las pésimas condiciones de vida en las reservas, donde los americanos nativos habían sido confinados por el gobierno de los Estados Unidos, diferentes clanes se unieron para reclamar una vida más digna. Era tal la situación de opresión que recurrieron a las armas. Durante la retirada de una batalla, Lozen dirigió a su pueblo a través del río Grande, lo que salvó la vida de muchos de ellos. Cuentan las crónicas que, en otra ocasión, acompañó a una madre y su bebé a través del desierto de Chihuahua hasta la reserva de Mescalero, en Nuevo México, atravesando patrullas enemigas y bajo una lluvia de balas.

Tras la muerte de su hermano en combate, Lozen cruzó las líneas enemigas y se unió a otros grupos de apaches que mantenían viva la lucha. La detuvieron y la internaron en una prisión, donde murió de tuberculosis con solo 50 años. Su testimonio nos recuerda que, casi siempre, el pasado está lleno de episodios negros que conviene conocer para que no se repitan y construir así un mundo mejor, donde las futuras Lozen no tengan que defenderse por las armas.

Annie Edson Taylor

EE. UU.
Siglo XIX

A inicios del siglo xx, cuando aún no existían los deportes de aventura, una mujer sexagenaria se convirtió en la primera persona en lanzarse (metida en un barril y abrazada a su almohada de la suerte) por las cataratas del Niágara y… ¡sobrevivir!

Sí, como lo oyes: Annie Edson Taylor ha pasado a la historia por tirarse en un barril por las cataratas del Niágara. Así dicho, suena un poco raro, es verdad. Y el caso es que el principal motivo para llevar a cabo tal hazaña fue económico: había quedado viuda recientemente y quería asegurarse una buena situación económica para su vejez.

Annie había nacido en 1838 en Auburn, una localidad del estado de Nueva York. A pesar de quedar huérfana junto a sus siete hermanos a la edad de 12 años, consiguió obtener una buena educación y dedicarse a la docencia. Se casó y tuvo un hijo, pero, por desgracia, tanto el niño como su marido murieron muy pronto.

Sin apenas recursos, se dedicó a la enseñanza de música y trabajó como bailarina. Fue pasando el tiempo y, ante el horizonte de la vejez, ideó la aventura que la convertiría en una celebridad. Buscó un representante y varios patrocinadores y construyó un barril de roble y acero, con un colchón integrado en el interior y un sistema que inyectaba oxígeno de manera artificial.

El día de su 63 cumpleaños, ante numerosos curiosos y periodistas, Annie se lanzó por los peligrosos rápidos de las cataratas del Niágara, dejando asombrados a todos los presentes al emerger del barril con tan solo una pequeña brecha en la cabeza.

Policarpa Salavarrieta

COLOMBIA — Siglo XIX

Como pasa en otros casos, no sabemos exactamente dónde ni cuándo nació, como tampoco cuál era el nombre real de Policarpa Salavarrieta, conocida popularmente como «la Pola». Costurera de profesión, cuando era muy joven (¡unos catorce años!) se unió a la causa por la independencia de Colombia y se convirtió en espía. Como puedes imaginar, este trabajo es bastante peligroso, sobre todo porque no te puedes fiar de nadie. Parece que alguien filtró y perdió unos documentos comprometedores y Policarpa fue detenida, condenada a muerte y fusilada con apenas veintidós años. Su figura se ha convertido en un mito y referente colombiano, que ha aparecido en cuadros, programas de televisión, billetes… ¡y hasta da nombre a una cerveza!

Elizabeth Blackwell

EE. UU. — Siglo XIX

Ahora lo más normal del mundo es que vayas al centro de salud y te atienda una doctora. Pero no siempre ha sido así, ni mucho menos. Elizabeth Blackwell, nacida en 1821, es una de las primeras licenciadas en Medicina del mundo moderno.

Su familia se mudó de Inglaterra a los Estados Unidos cuando ella era joven, y estudió allí, a pesar del rechazo que sufrió a menudo por ser mujer. Volvió a Europa para completar su formación y regresó de nuevo a los Estados Unidos, donde la sorprendió la Guerra de Secesión. Elizabeth y su hermana Emily, que también se había licenciado en Medicina, fundaron un grupo de enfermeras y promovieron que las mujeres pudieran cursar estos estudios.

Durante la guerra, Elizabeth apoyó claramente la causa del Norte, porque estaba en contra de la esclavitud. Cuando volvió a Europa, se implicó en diferentes causas sociales y destacó como ginecóloga, es decir, siempre puso el bienestar de la mujer en el centro de su trabajo.

Jane Trefusis Forbes

CHILE
Siglo XX

Jane Trefusis Forbes nació en el seno de una familia escocesa, culta, acomodada, vinculada a la ciencia y al mundo universitario. Casualmente, su nacimiento se produjo en Chile, donde su padre trabajaba como ingeniero en la construcción del ferrocarril.

Al volver a Escocia, heredó una casa de campo en Pitlochry, una pequeña población del norte del país. En aquella casa, que llamaban «el observatorio» por los artilugios científicos de la familia, acogió a fuerzas aliadas durante la Segunda Guerra Mundial. Antes del estallido del conflicto, Jane organizó grupos de mujeres para prepararse en caso de guerra. Y así fue: Jane se convirtió en una de las principales dirigentes de la WAAF (Women's Auxiliary Air Force), un cuerpo de apoyo a la aviación británica formado solo por mujeres, que llegó a tener más de 180 000 alistadas. Jane defendió siempre la igualdad de las mujeres a la hora de tomar parte en todo tipo de misiones. Al fin y al cabo, ¡se jugaban la vida como los hombres!

Anita Malfatti

BRASIL
Siglo XX

Brasil ha sido un país siempre abierto a las innovaciones artísticas. La pintora Anita Malfatti (junto a otras como Tarsila do Amaral) es una de las introductoras de las vanguardias europeas durante la primera parte del siglo XX.

De madre estadounidense y padre italiano, Anita recorrió buena parte de América y visitó Europa en varias ocasiones. En Nueva York trabajó como ilustradora para las revistas *Vanity Fair* y *Vogue*. Con el paso del tiempo, Anita dejó de lado los estilos más innovadores y se centró en el retrato y la enseñanza.

Delia Akeley

EE. UU.
Siglo XX

Americana, de padre y madre irlandeses, Delia Akeley destacó como exploradora. Recorrió buena parte de África y fue una de las primeras personas de fuera del continente en explorar el desierto de Kenia.

Desde joven, Delia mostró una fuerte personalidad. De adolescente se fugó de casa y bien pronto se casó con un cazador. En una de las cacerías conoció al que sería su segundo marido, taxidermista, escultor y fotógrafo de naturaleza de gran prestigio. Durante más de veinte años, sus carreras se desarrollaron en paralelo, pero al final se separaron y Delia continuó con sus expediciones. Convivió con los pigmeos de las grandes selvas africanas, navegó desde el océano Índico hasta el río Tana y fue una de las primeras personas en atravesar sola, y sin apenas equipo, el continente. Publicó sus trabajos y sus fotografías al regresar a América, donde murió con casi 100 años.

Prudencia Ayala

EL SALVADOR
Siglo XX

Prudencia Ayala fue una escritora y activista social de El Salvador, que luchó por los derechos de la mujer y llegó a postularse a la presidencia del país.

Nacida en una familia indígena con pocos recursos económicos, Prudencia apenas fue a la escuela, de manera que su formación fue autodidacta. A partir de 1913 empezó a colaborar en diferentes publicaciones, en las que demostró su ideario feminista, progresista y contrario a la intervención norteamericana en Centroamérica. Sus posiciones políticas y su activismo social la llevaron varias veces a la cárcel.

En 1930 trató de postularse a la presidencia de su país, a pesar de que la legislación salvadoreña no reconocía siquiera el sufragio femenino. Por supuesto, su solicitud fue rechazada, pero consiguió abrir un debate político y social que impulsó el movimiento feminista. En 1939, por fin, las mujeres salvadoreñas pudieron votar por primera vez. Prudencia Ayala es un ejemplo de compromiso y superación que nos inspira también hoy en día. ¿Quiénes son las Prudencia Ayala de nuestro tiempo?

Las hermanas Mirabal

REP. DOMINICANA
Siglo XX

Las hermanas Mirabal (Patria, Minerva y María Teresa) fueron tres luchadoras dominicanas contra la dictadura de Rafael Leónidas Trujillo, asesinadas el 25 de noviembre de 1960.

La República Dominicana padeció diferentes regímenes dictatoriales durante buena parte del siglo XX. Cualquier persona que se opusiera a la dictadura era sistemáticamente secuestrada, torturada y asesinada. La policía secreta, montada en unos coches conocidos como *cepillos*, penetraba en cada rincón del país en medio de la noche. El sonido característico de esos coches mantenía aterrorizada a la población.

La familia Mirabal se oponía al régimen de Trujillo. Patria, Minerva y María Teresa se unieron a un grupo opositor, mientras que la cuarta hermana, Bélgica Adela, se quedó al margen.

Conocidas como «las Mariposas», por el día simulaban ser amas de casa, pero por la noche trabajaban junto con otras compañeras y compañeros del movimiento insurgente.

Las detuvieron varias veces, hasta que el 25 de noviembre de 1960 un escuadrón policial les tendió una emboscada para detenerlas y asesinarlas. Habían muerto tres mujeres luchadoras, jóvenes y formadas, con hijos, que aspiraban a vivir en un país democrático. Trujillo y los suyos pensaban que se quitaban un problema de encima. Pero no era así: las hermanas Mirabal se convirtieron en un símbolo de la resistencia y animaron a luchar a muchas otras personas hasta la caída de la dictadura unos meses después.

Joséphine Baker

EE. UU.
Siglo XX

Joséphine Baker, nacida en 1906 en Saint Louis, fue una de las cantantes y bailarinas más famosas del mundo durante la primera mitad del siglo XX. De origen mestizo, con raíces afroamericanas e indígenas, fue una de las primeras mujeres negras en llegar a lo más alto del estrellato.

Desde adolescente, Joséphine Baker destacó en los escenarios de Filadelfia y Nueva York. Con tan solo 19 años se trasladó a París, en aquel momento una de las grandes capitales culturales del mundo. Allí se convirtió en un auténtico icono de la gran era del jazz y de los felices años veinte. Su cinturón de bananas, volátil y provocativo, ha pasado a la historia como una de sus imágenes más características.

Defensora de los derechos de la mujer y activista social en varias causas, durante la Segunda Guerra Mundial colaboró con la resistencia francesa contra los nazis. Como era una artista de renombre, se podía mover con facilidad por Europa y África sin levantar sospechas, lo que le permitió llevar mensajes secretos en diferentes misiones. Su trabajo contra el nazismo le valió los principales reconocimientos de la República Francesa, que le otorgó también la nacionalidad.

En los años 50 dio apoyo a la lucha por los derechos civiles de los afroamericanos en los Estados Unidos, en el país donde había nacido, y llegó a leer un discurso en la famosa marcha sobre Washington liderada por Martin Luther King.

Petra Herrera

MÉXICO
Siglo XX

No sabemos cuándo ni dónde nació. Como otras mujeres de otros lugares del mundo que se disfrazaron de hombres para luchar y sobrevivir, Petra Herrera es un personaje envuelto en el misterio. Bajo el pseudónimo de Pedro, participó y destacó en muchas batallas de la revolución que sacudió México entre 1910 y 1920, liderada, entre otros, por el famoso Pancho Villa. Petra ocultó su género para evitar la discriminación y no lo reveló hasta que tuvo una reputación reconocida. A pesar de sus victorias, Villa se negó a dar crédito militar a una mujer y le negó el puesto de general. Parece que a Petra no le preocupó demasiado, porque conformó un grupo de mujeres soldado que consiguieron importantes triunfos, como la batalla de Torreón. Al final admitieron sus méritos y la ascendieron a coronel, pero sin demasiado convencimiento: en el tramo final de la revolución, su batallón femenino fue disuelto, y Petra acabó trabajando como espía. Parece que murió por las heridas que recibió en una pelea relacionada con el espionaje.

Rigoberta Menchú

GUATEMALA
Siglo XX

Rigoberta Menchú forma parte de la comunidad indígena maya quiché, discriminada por los terratenientes guatemaltecos. Desde pequeña conoció la injusticia y la pobreza de su gente y, siguiendo el ejemplo de su padre y su madre, se implicó en la lucha por la defensa de los más desfavorecidos. En su juventud tomó parte en la formación de colectivos políticos, al igual que buena parte de su familia. Este compromiso tuvo un precio altísimo: tanto su padre como su madre fueron asesinados de forma terrible por los «escuadrones de la muerte» del gobierno dictatorial de Guatemala, en el marco de una larga y sangrienta guerra civil.

A pesar de unas vivencias tan extremas, Rigoberta Menchú siempre ha defendido la solución pacífica de los conflictos. Su apuesta por la paz, la democracia y los derechos de los indígenas chocaba frontalmente con la política totalitaria del gobierno de Guatemala, y, por eso, Rigoberta se vio obligada a exiliarse a México durante un tiempo. Fue allí donde publicó su famosa autobiografía, que le dio fama mundial y le permitió regresar a Guatemala como mediadora. Embajadora de buena voluntad de la UNESCO, recibió el Premio Nobel de la Paz en 1992 y el Premio Príncipe de Asturias de Cooperación Internacional en 1998.

Asia

China, Japón, India, Rusia... Asia es un continente enorme donde existen, desde la Antigüedad, grandes civilizaciones que han marcado la historia, con importantes adelantos técnicos y culturales, pero también con guerras terribles entre potencias.

En medio de estos contrastes, surgen mujeres extraordinarias que han destacado como artistas, astronautas, poetas, piratas y defensoras de los derechos humanos.

s. XIII a. C.   s. I   s. VII   s. XII   s. XVI   s. XVII   s. XIX   s. XX

Fu Hao

CHINA
Siglo XIII a. C.

Hace cerca de tres mil años, en el valle del río Amarillo, en el noroeste de la China actual, una mujer fue emperatriz, suma sacerdotisa y general de un ejército de hasta 13 000 soldados. Se llamaba Fu Hao y, además, tenía un equipo de más de 100 mujeres que bajo su mando directo se dedicaban a asuntos políticos y militares.

La increíble historia de Fu Hao ha inspirado leyendas como la de Hua Mulan, la guerrera más conocida de la tradición china (¡seguro que te suena de alguna película!). Sin embargo, la verdadera historia de Fu Hao se conoció en 1976, cuando se descubrió su tumba en la provincia de Henán, en un extraordinario sitio arqueológico llamado Yin Xu. La sepultura estaba repleta de símbolos del poder de la realeza, y la acompañaban numerosas armas, como enormes hachas de guerra, además de un grupo de esclavos sacrificados.

En aquella época, los emperadores chinos tenían muchísimas esposas. Wu Ding, miembro de la dinastía Shang, llegó a tener 60, una de las cuales era Fu Hao. Lo más sorprendente es que Fu Hao venció a los Tu-Fang, enemigos históricos de los Shang, en una única batalla. También derrotó a otras tribus vecinas, como los Yi, los Qiang o los Ba. Dicen que a estos últimos les tendió una emboscada impresionante, así que Fu Hao debía de ser una gran estratega, además de tener mucha paciencia: ¡te imaginas lo que debe suponer dirigir un ejército de hasta 13 000 hombres!

Las numerosas campañas militares de Fu Hao están descritas en las inscripciones encontradas en objetos de hueso desenterrados en el oráculo de Yin Xu, como caparazones de tortuga y huesos de animales. Estas inscripciones son algunas de las muestras más antiguas de la escritura china.

Fu Hao murió antes que Wu Ding, y fue él quien encargó la tumba de su esposa, que había llegado a controlar su propio feudo en las fronteras del imperio. Aquella sepultura extraordinaria es una muestra del poder que alcanzó Fu Hao y de la fuerza con la que perdura su legado.

Las hermanas Trung

VIETNAM
Siglo I

Las hermanas Trung Trac y Trung Nhi lideraron la primera revuelta popular en Vietnam contra los conquistadores chinos en el año 40 d. C. Llegaron a reunir a 80 000 combatientes que fueron dirigidos por 36 mujeres de su misma familia, también entrenadas como generales del mismo ejército.

Ambas hermanas, hijas del prefecto de Mi Linh, habían sido adiestradas en artes marciales y tácticas bélicas desde la niñez.

Trung Trac, la mayor, se casó con Thi Sach, el hijo de otro prefecto vecino, también sometido a los chinos. Juntos decidieron ponerse al frente de una conspiración para expulsar a los conquistadores. Thi Sach acabó detenido y ejecutado, pero lo que pretendía ser una advertencia ante los rebeldes provocó la ira de la hermana mayor, quien se arrancó el traje de luto tradicional y se vistió con galas militares, y, ante el enfurecido pueblo vietnamita, prometió venganza y victoria.

Fue su hermana pequeña quien reunió las tropas, con las que recuperaron el control de las 65 ciudadelas, y durante dos cortos años ambas hermanas reinaron en el país.

Pero el gigante chino no estaba dispuesto a aceptar la derrota y juntaron inmensos batallones de soldados a fin de tomar represalias y reocupar el territorio. Las hermanas prefirieron suicidarse antes que rendirse ante su enemigo.

Ban Zhao

**CHINA
Siglo I**

Ban Zhao es una de las primeras historiadoras chinas conocidas. Completó el famoso *Libro de Han*, iniciado por su hermano Ban Gu. Se trata de un clásico de la historia china, que cubre del año 206 a. C. al 26 d. C.

Además, Ban Zhao estudió astronomía, geografía y filosofía, campos que dominó y le proporcionaron el respeto de la élite de la época, lo que la llevó a convertirse en la maestra de la emperatriz Deng Sui.

Escribió poesía y ensayos, pero su obra más conocida es *Lecciones femeninas*, donde Ban Zhao planteaba una vida que tuviera la armonía familiar y matrimonial como primer objetivo. Sí, es verdad, ahora suena un poco anticuado, ¡pero estamos hablando de hace 2 000 años! Además, Ban Zhao afirmaba que la mujer tenía que sobrevivir al marido, porque entonces era cuando podía disfrutar de libertad plena y de una importante influencia social.

Wu Zetian

**CHINA
Siglo VII**

Wu Zetian ha sido una de las pocas soberanas de China en los 3 000 años de historia del país, junto con Cixi, de quien hablaremos más adelante.

Cuentan que mandó instalar miles de cajas de cobre donde los ciudadanos podían denunciar las injusticias de forma anónima y, además, mantuvo una policía eficiente, mejoró la burocracia y combatió la corrupción. En lugar de propiciar los enfrentamientos, evitó la guerra siempre que pudo y procuró la seguridad de las rutas comerciales hasta Siria y Roma.

Alrededor de Wu Zetian existe toda una leyenda negra que la acusa de ser una persona déspota y cruel, capaz de matar a sus familiares más allegados y llevar a cabo otras atrocidades para escalar en el poder. Fuera como fuese, gobernó hasta bien entrada la vejez, cuando fue relevada tras un golpe de Estado.

Tomoe Gozen

JAPÓN
Siglo XII

Como ves, la historia de la humanidad no ha sido precisamente un camino de rosas, y la violencia ha estado siempre a la orden del día. Por eso, entre los siglos XII y XIII las mujeres japonesas eran entrenadas en el uso de la naginata (una lanza con una daga acoplada) para proteger a sus familias en caso de ataque.

Tomoe Gozen nació en una prestigiosa familia de samuráis, donde no solo aprendió a usar la naginata, sino también la espada y el arco montada a caballo (cabalgar y tirar flechas a la vez, ahí es nada). Su pericia y su puntería impulsaron su carrera militar, hasta el punto de que jugó un papel importante en las guerras Genpei, un conflicto que enfrentó a dos poderosos clanes japoneses, los Taira y los Minamoto. Tras la batalla de Kurikara, Tomoe contribuyó a tomar Kioto, entonces capital de Japón.

La vida de Tomoe Gozen está rodeada por la leyenda. No se sabe cuándo ni cómo murió (hay quien dice que ingresó en un templo budista al final de su vida, pero también se afirma que murió en combate, durante la batalla de Awazu). Fuera como fuese, es un personaje mítico de la historia japonesa, como demuestran las narraciones épicas del siglo XIII recogidas en el *Cantar de Heike* (una especie de *Cantar del mío Cid* a la japonesa, para entendernos).

Mochizuki Chiyome

**JAPÓN
Siglo XVI**

A estas alturas, ya debes de saber que una cosa es la realidad y otra la leyenda. La línea que las separa es muy fina y a menudo es difícil saber qué pasó de verdad.

El misterio envuelve la historia de Mochizuki Chiyome, de quien se dice que formó un grupo de ninjas femeninas al servicio del clan Takeda, al que pertenecía su marido. De hecho, fue al quedar viuda cuando fundó este grupo de aguerridas mujeres, muchas de las cuales provenían de burdeles donde trataban de sobrevivir en unos años de grandes conflictos sociales, especialmente duros para las mujeres humildes.

Kiyohara Yukinobu

**JAPÓN
Siglo XVII**

Seguro que alguna vez has visto esos delicados dibujos japoneses que representan figuras humanas, paisajes y animales pintados con colores suaves y trazos de tinta muy definidos. Kiyohara Yukinobu pintaba así, y se convirtió en una de las primeras artistas reconocidas del Japón del siglo XVII. De hecho, firmaba y sellaba muchas de sus obras con su nombre. Eso significa dos cosas. Por un lado, había gente rica e importante dispuesta a pagar por obras de arte realizadas por una mujer, algo poco habitual. Por otro lado, Kiyohara consiguió vencer la hostilidad contra las mujeres de la escuela Kano de pintura, una de las más importantes de la época.

Cixi

CHINA
Siglo XIX

La reina Victoria de Inglaterra no fue la única gobernante longeva que conoció el siglo XIX. Al otro lado del mundo, en China, Cixi se convirtió en regente tras la muerte del emperador Xianfeng, de quien había sido concubina, y de su hijo y heredero Tongzhi. Dirigió el país durante cerca de 50 años, en uno de los momentos más delicados de la historia de China.

Hija de uno de los guardianes de la Ciudad Prohibida, Cixi pasó a formar parte del harén del emperador y fue la primera en darle descendencia. Poco a poco creó una red de influencias que le permitió alcanzar la regencia y actuar, de hecho, como una auténtica emperatriz.

Cuando, acorralado por Inglaterra y Francia en la segunda guerra del Opio, el emperador murió, Cixi asumió el poder público como regente. Formalmente, el hijo de ambos, Tongzhi, se convirtió en emperador, pero también murió pronto. Entonces, Cixi eligió a su sobrino de tres años como sucesor. Fue una jugada hábil, porque Guangxu (como se llamaba la criatura) nunca tuvo ansias de poder, lo que dejó vía libre a los intereses de Cixi. Bueno, eso de que nunca tuvo ansias de poder tampoco es verdad del todo: se ve que intentó matarla y ella lo arregló arrestándolo en el palacio. Como ves, Cixi no se andaba con chiquitas.

También es cierto que no le tocó un momento fácil. China sufría una gran presión por parte de Japón e Inglaterra, que tenían intereses en la zona. El país se dividía entre los partidarios de abrirse a la influencia extranjera y los que preferían mantenerse fieles a la cultura china más tradicional. Fuera como fuese, el final de su vida coincidió con el desplome definitivo de la dinastía Qing, la última de la China imperial. Controvertida y, en el fondo misteriosa, Cixi es uno de los personajes clave de la historia del siglo XIX.

Ching Shih

**CHINA
Siglo XIX**

De todos los piratas de la historia (hombres y mujeres), Ching Shih fue uno de los más importantes. La leyenda le atribuye haber dirigido una flota de más de 2 000 naves, con más de 80 000 hombres a su mando. Sí, la verdad es que es una locura (quizá en la ciudad donde vives no hay 80 000 habitantes, y seguro que no hay 2 000 barcos piratas), pero, aunque no fueran tantos… ¡debía de ser todo un espectáculo!

Ching Shih no tuvo una vida nada fácil. Desde muy pequeña vivía en un burdel y probablemente se prostituyó desde niña. De adolescente conoció a Zheng Yi, uno de los líderes piratas más importantes, y se casó con él.

A diferencia de los piratas del Caribe, que habían sido aniquilados por ser incapaces de luchar unidos, Zheng había creado una coalición de piratas cantoneses que causaba pavor a las flotas imperiales en los mares del Pacífico.

La rápida acción diplomática de Ching tras el asesinato de su marido hizo posible no solo garantizar el apoyo del resto de piratas, sino ampliar la coalición y formar un inmenso ejército. Creó un auténtico código pirata que le permitió gobernar, y este se convirtió en la legislación más fascinante acatada por todos los piratas del Pacífico.

En su territorio estaba prohibido violar a las mujeres o asolar las aldeas. Las normas de Ching describían cómo repartir los botines, y establecían que una parte de estos se tenía que destinar a mejorar y ampliar la flota. Además, si un pirata decidía tener pareja, estaba obligado a serle fiel y a compartir con ella sus ganancias bajo pena de muerte por decapitación.

Las tropas de Ching derrotaron en numerosas ocasiones a los británicos y a los portugueses. Pero en lugar de luchar hasta última hora, Ching tuvo la inteligencia de saber retirarse a tiempo. En 1810 aceptó el indulto del emperador chino y se fue a casa con sus abundantes ganancias. Según cuentan, pasó el resto de su vida dirigiendo una casa de apuestas en Cantón hasta su muerte por causas naturales a los 69 años. Sí, una casa de apuestas es un buen lugar para una pirata madura, pero quien tuvo retuvo, ¿no?

Otagaki Rengetsu

JAPÓN
Siglo XIX

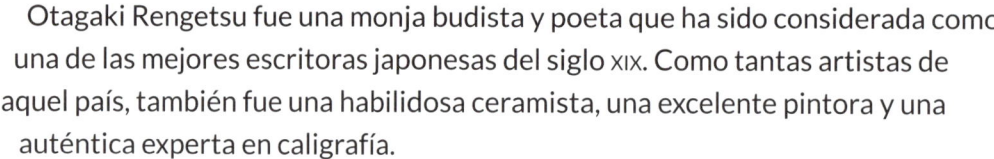

Otagaki Rengetsu fue una monja budista y poeta que ha sido considerada como una de las mejores escritoras japonesas del siglo XIX. Como tantas artistas de aquel país, también fue una habilidosa ceramista, una excelente pintora y una auténtica experta en caligrafía.

Su poesía, basada en composiciones cortas, evocadoras y sutiles, nos sigue conmoviendo casi doscientos años después de haber sido escrita.

Lakshmibai

INDIA
Siglo XIX

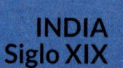

Durante el siglo XIX el Imperio británico extendió sus dominios sobre buena parte de Asia. En 1857 hubo un importante levantamiento contra el gobierno de la llamada Compañía de las Indias Orientales, sometida a la corona británica. Una de las líderes de la rebelión fue Lakshmibai, que se ha convertido en un símbolo de resistencia.

Lakshmibai nació en 1828 en la ciudad sagrada de Varanasi, en una familia de la casta brahmán. Tuvo una buena educación que incluía la equitación, la esgrima y el manejo de armas de fuego. Con 14 años se casó con el marajá de Jhansi y tuvo un hijo, que falleció. Siguiendo la tradición, adoptaron a un familiar que heredaría el reino, pero la Compañía de las Indias Orientales no aceptó al descendiente y se hizo con el reino de Jhansi. Cuando estalló la revuelta en 1858, Lakshmibai se colocó al frente de la resistencia. Aunque intentó negociar la paz en diferentes ocasiones, los enfrentamientos fueron muy violentos y la propia reina de Jhansi murió en la batalla de Gwalior, con solo 29 años. A día de hoy, Lakshmibai es sinónimo de valentía, patriotismo y honor.

Nakano Takeko

JAPÓN
Siglo XIX

A mediados del siglo XIX hubo una guerra civil en Japón, fruto de las tensiones que causaba la influencia occidental, cada vez más intensa. Nakano Takeko nació unos veinte años antes del conflicto en Aizu, en el centro de Japón (cerca de Fukushima, quizá te suene por el accidente de la central nuclear tras el sunami). Nakano fue entrenada intensamente en artes marciales y, al estallar la guerra, formó un pequeño escuadrón de mujeres guerreras, llamadas Joshitai, a las que lideró en la batalla de Aizu combatiendo con su naginata (¿te acuerdas de que era una lanza con una daga en un extremo?). A pesar de luchar en el bando perdedor, su contundencia en la batalla fue tal que el ejército enemigo se vio forzado a replantear su estrategia en varias ocasiones. Lamentablemente, fue herida por un disparo y prefirió suicidarse antes que ser capturada. Junto al lugar donde fue enterrada se construyó un monumento en su honor que hoy en día sigue siendo visitado por cientos de mujeres.

Granada Cabezudo

FILIPINAS
Siglo XIX

Si un día vas al Museo del Prado, en Madrid, no te limites a mirar los cuadros de Goya, de Velázquez o del Greco. Sí, son geniales, pero seguro que hay otras cosas interesantes aunque no sean tan famosas. Aquí tienes un reto: cada vez que visites un museo, intenta encontrar, como mínimo, una obra realizada por un mujer.

Por ejemplo, en el Prado, busca algún cuadro de Granada Cabezudo, una pintora filipina que trató temas indígenas. Fíjate en cómo era el mundo entonces, que no pudo entrar en la academia de pintura de Manila (la capital de Filipinas, la de los mantones). Uno de los profesores le dio clases particulares, ¡porque estaba prohibido que las mujeres se matricularan en la academia!

Begum Rokeya

BANGLADÉS
Siglo XX

Begum Rokeya Sakhawat Hossain fue una de las pioneras de la defensa de los derechos de la mujer en el antiguo Imperio británico que dominaba lo que ahora es la India y Bangladés. Destacó como escritora, educadora y activista social, y defendió la igualdad de trato entre hombres y mujeres. Siempre afirmó que la incultura era la razón principal de la discriminación de las mujeres y, por eso, creó la primera escuela para niñas musulmanas bengalíes en Calcuta. No dudó en ir de casa en casa para persuadir a los padres para que permitieran a sus hijas ir a la escuela y fundó la Asociación de Mujeres Musulmanas, para facilitar la educación y el empleo de las mujeres. El 9 de diciembre se celebra el Día Rokeya en Bangladés para conmemorar su obra y su legado.

Yvonne Cormeau

CHINA
Siglo XX

Cuando la vida de una persona es sorprendente, a menudo decimos que parece «una historia de espías». Pero es que hay biografías tan extraordinarias que cuesta creer que no sean el guion de una película.

Ese el caso de Yvonne Biesterfeld, nacida en Shangái en 1909. Su padre era el cónsul belga y su madre era de origen escocés. Por eso se educó en ambos países, además de China. Antes de la Segunda Guerra Mundial vivía en Inglaterra, donde se casó con Charles Cormeau, de quien tomó el apellido, como es habitual todavía en muchos países (sí, sí, como lo lees).

En los bombardeos de Londres, Charles murió. Yvonne decidió implicarse y contribuir a la causa aliada en la lucha contra el nazismo. Se incorporó al cuerpo auxiliar de mujeres que daban apoyo a la RAF, la aviación británica, y pronto fue ascendida a oficial gracias a sus conocimientos lingüísticos. Su trabajo consistiría en interceptar comunicaciones enemigas por radiofrecuencia. Por eso, fue lanzada en paracaídas cerca de Burdeos para trabajar en la Francia ocupada por los nazis. Con diferentes nombres en clave (como Annette), ¡informó de más de 400 movimientos enemigos! Por supuesto, después de la guerra recibió grandes honores en Francia y en el Reino Unido.

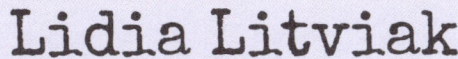

Lidia Litviak

RUSIA
Siglo XX

Durante la Segunda Guerra Mundial, muchos pilotos se convirtieron en auténticas leyendas. La mayoría eran hombres, pero la joven Lidia Litviak pasó a la historia por su habilidad a los mandos de los aviones de la Fuerza Aérea Soviética.

Antes de la guerra, con apenas 20 años, se convirtió en instructora de vuelo. Tras la invasión nazi de junio de 1941, Litviak consiguió entrar en el regimiento 586, creado por Marina Raskova y compuesto únicamente por mujeres. Lidia consiguió mucha fama por la cantidad de aviones enemigos que abatió en combate. Sí, es un poco bestia, pero durante la guerra las cosas iban así: de hecho, la pobre Lidia murió después de que su avión fuera alcanzado durante una batalla. Tenía solo 21 años.

Anida Yoeu Ali

CAMBOYA
Siglo XX

Anida Yoeu Ali es una artista y activista nacida en Camboya, pero que ha vivido en Chicago hasta que regresó a Nom Pen, la capital de su país de origen. Allí ha fundado el estudio Revolt, un laboratorio multimedia para artistas independientes camboyanos.

Anida Yoeu Ali es una de esas artistas que unen la creatividad con la reflexión política y social. Sus obras se han expuesto en las principales galerías de todos los continentes. Como tantas otras personas que dejaron su tierra, buena parte de su trabajo trata sobre la identidad, la emigración y los sentimientos que se tienen al vivir lejos del lugar donde naciste y de la cultura a la que perteneces.

Valentina Tereshkova

RUSIA
Siglo XX

Con solo 26 años de edad, Valentina Tereshkova se convirtió en la primera mujer enviada fuera de la órbita terrestre. Fue el día 16 de junio de 1963, a las 09:29, hora local, a bordo de una nave espacial tripulada, la Vostok 6. Durante tres días, esta nave realizó 48 órbitas alrededor de la Tierra y se comunicó con radio con otra nave soviética, la Vostok 5. Sí, has leído bien: soviética. En aquella época Rusia y otros países de Asia y de Europa del Este formaban un país llamado Unión Soviética, que rivalizaba con los Estados Unidos de América por ser la mayor potencia mundial.

Que Valentina Tereshkova viajara al espacio no fue una casualidad. El régimen soviético quería demostrar su poderío tecnológico y científico. Por eso, enviar a una mujer más allá de la órbita terrestre seguro que llamaba la atención. La llamó tanto que parece que tuvieron bastante, porque pasaron 16 años hasta que otra mujer rusa volvió al espacio.

Valentina nació en 1937 en el centro de Rusia, en una familia de origen humilde, llegada desde Bielorrusia. Su padre era conductor de tractor y su madre trabajaba en una planta textil. A los ocho años, Valentina tuvo que abandonar los estudios para unirse al trabajo en la planta donde trabajaba su madre, pero continuó su formación por correo. Pronto se interesó por el paracaidismo y consiguió una experiencia que sería la clave para su selección en el programa espacial.

Valentina no viajó sola al espacio. Ella era la piloto de la nave Vostok 6 y, por lo tanto, la principal responsable, pero la acompañaban Irina Baiánovna y Valentina Leonídovna, es decir, dos mujeres más. Una tripulación exclusivamente femenina era una oportunidad para comprobar cómo responderían las mujeres ante un viaje tan exigente. El régimen soviético no quería probar solo su resistencia física, sino también la mental (¡como si las mujeres no hubieran demostrado su aguante a lo largo de la historia!).

En cualquier caso, más allá del reto científico y técnico, la URSS (sí, el nombre oficial del país era Unión de Repúblicas Socialistas Soviéticas) pretendía conseguir un efecto propagandístico. ¡Y vaya si lo consiguió! Valentina se convirtió en una celebridad, que desarrolló una intensa carrera política: entre 1966 y 1974 fue miembro del Soviet Supremo, por ejemplo, una especie de parlamento que tenía muchísimo poder en el régimen (decimos parlamento para entendernos, pero aquello tenía poco de democrático…). Y hasta el año 1991 perteneció al Comité Central del Partido Comunista (que era el único partido, así que imagínate si tenían poder). Además, Valentina estudió en la

Academia de la Fuerza Aérea de Zhukovski, se graduó como ingeniera espacial en 1969 y en 1977 recibió el doctorado en Ingeniería.

A los sesenta años, Valentina se retiró de la fuerza aérea y del cuerpo de cosmonautas. Ha recibido muchas medallas y condecoraciones, tanto de la Unión Soviética como de las Naciones Unidas o de la actual Rusia. Vladimir Putin la reconoció como «Heroína de la URSS» en el 40 aniversario de su misión espacial.

Europa

Europa, un continente pequeño con una gran diversidad cultural, tiene una historia llena de luces y sombras. Ha sido la cuna de grandes adelantos para la humanidad, pero a la vez ha sido el origen de grandes conflictos. En el mundo actual, algunas de las mujeres más reconocidas de la historia son europeas. Además de las más famosas, ¡aquí conocerás las biografías de otras que son igual de extraordinarias!

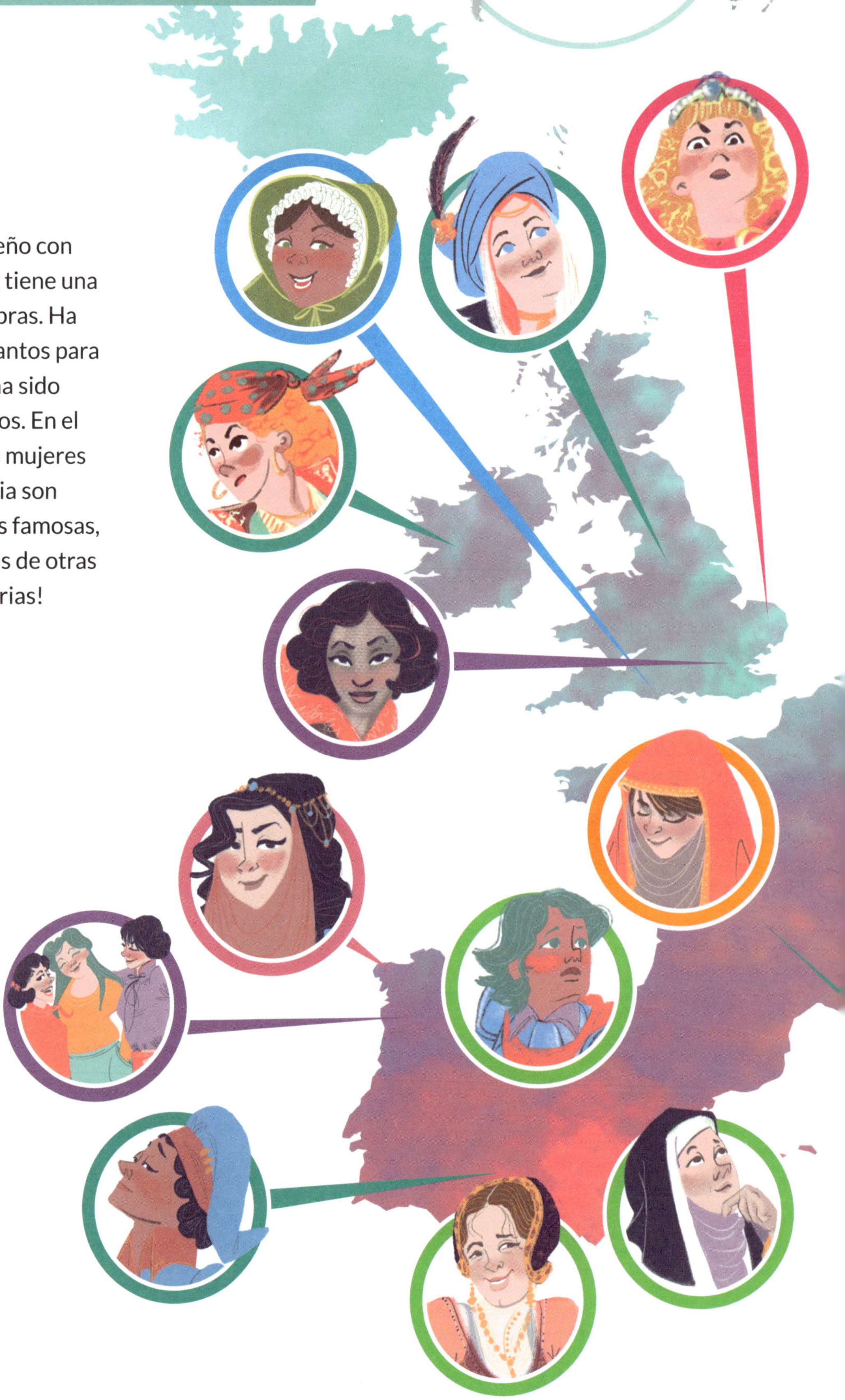

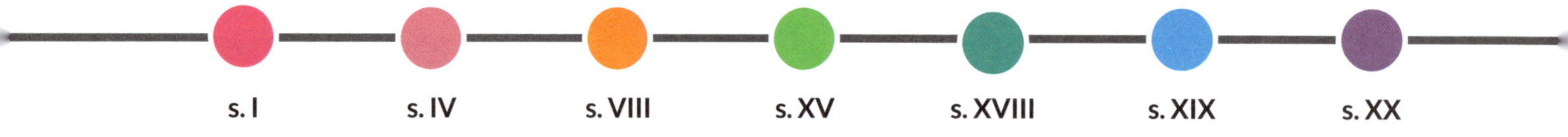

s. I s. IV s. VIII s. XV s. XVIII s. XIX s. XX

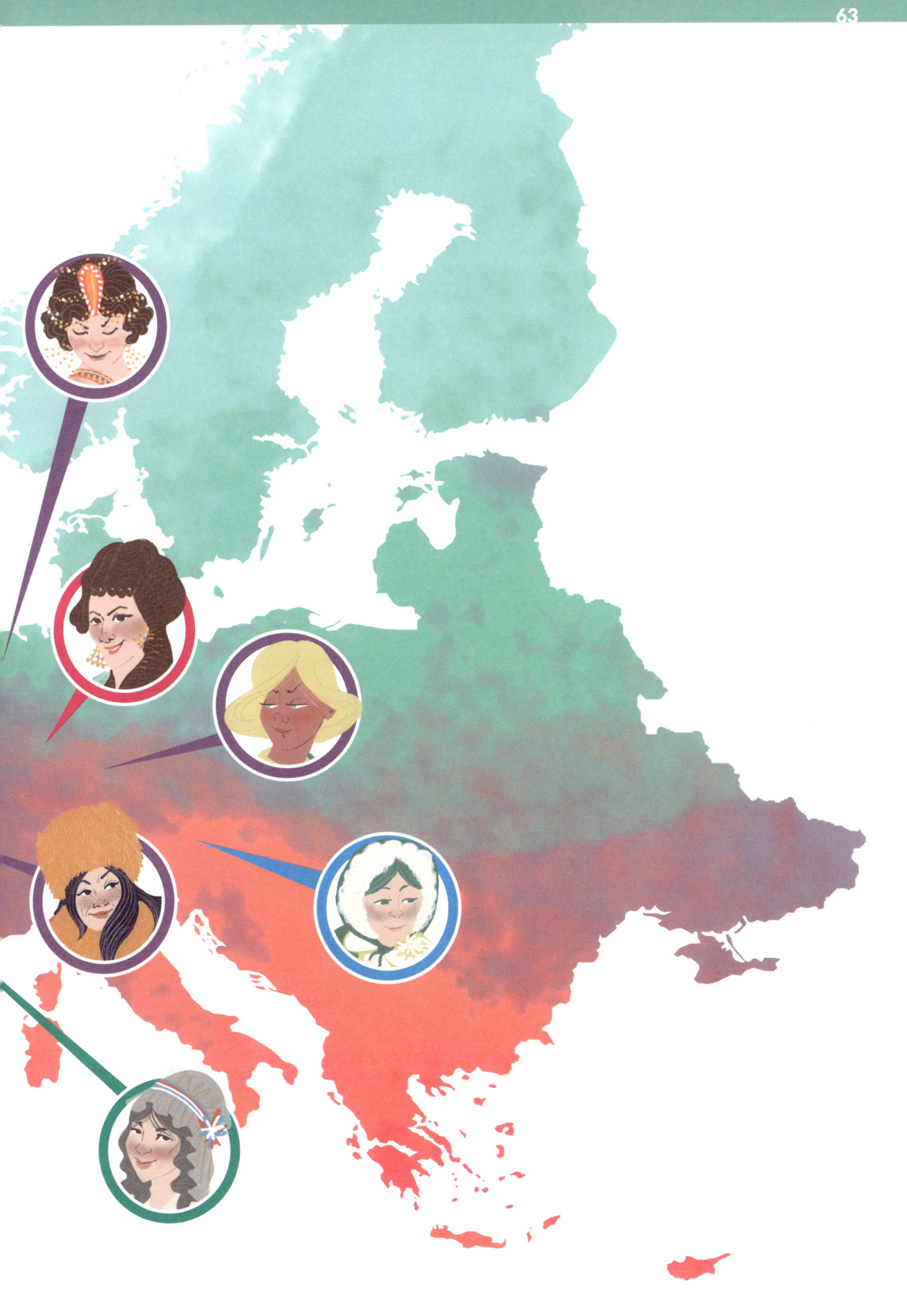

Agripina

ALEMANIA
Siglo I

¡Roma! El Imperio romano fue una de las instituciones políticas más poderosas de la Antigüedad. Hasta su desaparición en el siglo v, desde Roma se controló un territorio que llegaba hasta Oriente Medio por el este, el Nilo por el sur y Alemania y Gran Bretaña por el norte. La sociedad romana era muy machista, pero, a pesar de eso, algunas mujeres pudieron destacar, como Agripina, vinculada a una de las sagas más importantes del poder imperial.

Agripina la Menor (la Mayor era su madre) fue bisnieta de Marco Antonio y Octavia, hermana de Calígula, esposa y sobrina de Claudio y madre de Nerón. ¡Menudo árbol genealógico!

Con tan solo trece años se casó con el cónsul romano Enobarbo y tuvieron un hijo, que sería el futuro emperador Nerón. Según cuenta la leyenda negra, Agripina tuvo relaciones a la vez con su hermano, el emperador Calígula. Lo que sí que parece seguro es que Agripina participó en un complot para asesinarlo y, al descubrirlo, Calígula la desterró. Sin embargo, otro complot acabó con la vida de Calígula, y Agripina pudo regresar. Se casó con un cónsul de nombre largo, que también murió en extrañas circunstancias. El sucesor de Calígula era Claudio, el tío de Agripina. Ella conspiró contra la mujer de Claudio, que fue ejecutada, y consiguió casarse con su tío y convertirse así en emperatriz. Además, casualidad o no, Claudio escogió como sucesor a Nerón, que era el hijo de Agripina (el cargo de emperador no se pasaba necesariamente de padres a hijos, sino que era el emperador quien, en vida, designaba a su sucesor, fuera familiar suyo o no). Como ves, ser emperador, en aquella época, era bastante peligroso, porque unos y otros se lo querían cargar. Al final, Claudio también murió, aparentemente envenenado, de manera que Nerón asumió el cargo. La relación entre Nerón y su madre tampoco fue muy buena, hasta el punto de que él la intentó asesinar varias veces sin éxito. Bueno, sin éxito hasta que Agripina –sí, ella también– murió en extrañas circunstancias. La vida en la corte imperial de Roma estaba rodeada de lujos, pero también de ambiciones que podían conducir hasta la muerte.

Boudica

REINO UNIDO
Siglo I

Si visitas Londres, seguro que irás a ver la torre del Parlamento, el famoso Big Ben. Justo al otro lado de la calle hay una estatua de tres mujeres valerosas conduciendo un carro. Se trata de Boudica y sus dos hijas, miembros de uno de los pueblos británicos que se opusieron al dominio romano.

Durante el reinado del emperador Nerón (sí, el de antes), diferentes tribus se unieron contra la invasión romana. La ciudad de Londinium (la actual Londres) fue atacada y saqueada por las fuerzas rebeldes bajo el mando de Boudica, de linaje noble.

Boudica pertenecía a un pueblo de origen celta, donde no había diferencias entre mujeres y hombres en la sucesión de los gobernantes. Ella y su marido, Prasutago, habían sido aliados de Claudio en las anteriores campañas de Roma, así que en principio se llevaban bien con los mandamases. Pero resulta que no tenían descendientes masculinos y Roma se opuso a que sus hijas asumieran el poder. Probablemente lo aprovecharon para debilitar a los pueblos británicos y afirmar el dominio romano: atacaron a la población, saquearon sus bienes y, según parece, violaron a las hijas de Boudica. Ante tal panorama, Boudica lideró el ataque de los pueblos británicos contra los romanos y llegó a la capital. A pesar de obtener diferentes victorias, finalmente su ejército cayó frente a las poderosas legiones romanas. No sabemos exactamente cómo murió Boudica, pero su recuerdo perdura como un mito de la Inglaterra moderna. Si vas al Big Ben, recuérdalo: gira la mirada y observa su estatua.

Egeria

**ESPAÑA
Siglo IV**

En el siglo IV d. C. toda la península Ibérica estaba bajo dominio romano. En uno de sus extremos, en la actual Galicia (llamada entonces Gallaecia, en latín), nació Egeria, que llegaría a ser una importante viajera y escritora. De familia acomodada, tuvo acceso a una buena educación y pudo aprender a leer y escribir, algo que estaba al alcance de muy pocas mujeres. Por cierto, ¿te has parado a pensar que sabemos poco de las mujeres pobres de la Antigüedad? Si ya es difícil que las ricas pasaran a la historia, porque no las dejaban prosperar, ¡imagínate las que no tenían recursos!

Pero volvamos a Egeria. Su fama se debe a un libro de viajes en el que describe su itinerario hasta Tierra Santa. Egeria ya era una romana cristiana, y explica un itinerario que tiene como centro Jerusalén, es decir, los escenarios de la vida de Jesús. Por supuesto, Egeria utilizó la extraordinaria red de vías romanas, que constituye la base de buena parte de las comunicaciones de hoy en día.

La Dama Carcas

**FRANCIA
Siglo IV**

Después de la caída del Imperio romano, Europa quedó dominada por diferentes pueblos de origen germánico, que dividieron el territorio en nuevos reinos. En el siglo VIII, uno de estos monarcas, Carlomagno, encabezó un nuevo imperio en el territorio que ahora ocupan Francia y Alemania. Desde ese imperio, hizo frente a las invasiones musulmanas que llegaban por el sur, atravesando las penínsulas Ibérica e Itálica.

En Carcasona, al sur de Francia, las tropas de Carlomagno se enfrentaron a los musulmanes. El dirigente de la ciudad murió, y fue su mujer, la llamada Dama Carcas, quien asumió su defensa durante cinco años. La resistencia fue tan feroz que la población fue muriendo. Sin embargo, la Dama Carcas ordenó poner muñecos de paja que simularan personas en las murallas. Al final del asedio solo quedaba un cerdo en la ciudad; la Dama Carcas, para hacer creer que todavía tenían provisiones, mandó cebarlo y lanzarlo frente a las tropas atacantes, que pensaron que habían perdido y se retiraron. Al verlo, la dama hizo sonar las trompetas y, de acuerdo con una falsa etimología popular (es decir, una invención sobre el origen de una palabra), de aquí viene el nombre de la ciudad, *Carca-suena*.

La dama aparece representada en diferentes monumentos del sur de Francia perpetuando en el tiempo la imagen de una mujer valerosa, inteligente y tenaz.

El caballero de Oliveros

ESPAÑA
Siglo XV

Como muchas otras mujeres de la historia, Juana García cambió su aspecto por el de un hombre para poder luchar, en su caso, junto a los Reyes Católicos. Según cuentan, Juana era hija de un hidalgo que quería participar en la guerra civil con Juana la Beltraneja, aspirante al trono de Castilla contra Isabel la Católica. Pero, como el hombre estaba mayor, Juana aprendió a luchar y a montar, se disfrazó de caballero y allá que se fue. Se alistó como Diego Oliveros y combatió durante un tiempo hasta que de un golpe de espada le rompieron el jubón y se descubrió que era una mujer. Fernando el Católico quiso premiar su coraje, pero la reina Isabel se opuso. No se sabe muy bien cómo acabó la pobre Juana, pero hay quien cuenta que fue apresada a pesar de su valor.

Isabel de Villena

ESPAÑA
Siglo XV

En el siglo xv, Valencia se convirtió en una de las principales ciudades de la Corona de Aragón. Allí floreció el comercio, el arte y la literatura. Diferentes escritores dieron lugar al llamado siglo de oro de la literatura valenciana. Entre ellos, hubo una mujer, Isabel de Villena. Vinculada a la nobleza, llegó a ser abadesa del convento de la Trinidad, bajo la protección de la reina María y con el apoyo económico de otros escritores, como Ausiàs March o Joanot Martorell.

De Isabel de Villena solo se conserva una obra, titulada *Vita Christi*, es decir, «la vida de Jesús». Aunque el título fuera en latín, el libro se escribió en valenciano, la variedad del catalán hablada en Valencia. Es una obra hermosa y profunda, en la que se explican de manera ejemplar los principales episodios de la biografía de Cristo, siempre a partir del Evangelio. En la Edad Media se escribieron otras obras similares, pero en esta Isabel de Villena da el protagonismo absoluto a las mujeres: a la Virgen, a María Magdalena e incluso a Eva, a quien se perdona el pecado original. Quizá resulte excesivo, pero, cuando se lee el libro, dan ganas de etiquetarlo como feminista.

Redactado en principio para las monjas del convento, la reina Isabel de Castilla hizo imprimirlo unos cuantos años después de la muerte de Isabel, lo que contribuyó a que perdurada en el tiempo.

María Pacheco

ESPAÑA
Siglo XV

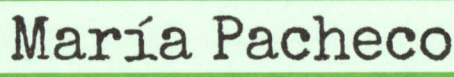
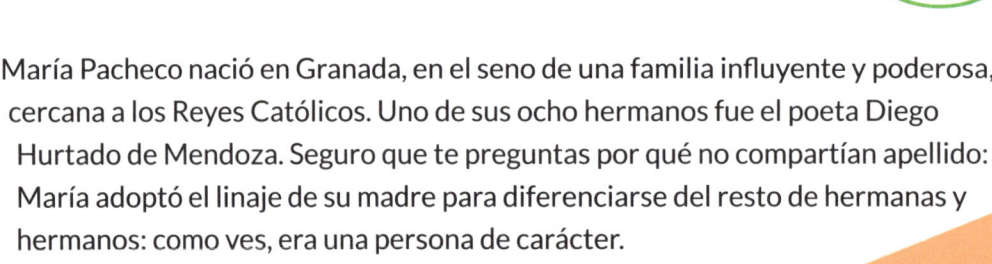

María Pacheco nació en Granada, en el seno de una familia influyente y poderosa, cercana a los Reyes Católicos. Uno de sus ocho hermanos fue el poeta Diego Hurtado de Mendoza. Seguro que te preguntas por qué no compartían apellido: María adoptó el linaje de su madre para diferenciarse del resto de hermanas y hermanos: como ves, era una persona de carácter.

El ambiente en el que se educó María destacaba por la afluencia de artistas renacentistas. Por eso, fue una niña culta y despierta, que estudió latín, griego, matemáticas e historia. Con solo catorce años la obligaron a casarse con Juan de Padilla, un noble toledano, y se trasladó a aquella ciudad castellana. En 1520, el matrimonio alcanzó un papel destacado en el liderazgo de la revuelta de los comuneros. Este conflicto, llamado también «guerra de las Comunidades», supuso el alzamiento de la nobleza mediana y la alta burguesía contra la corona. Sentían que Carlos I era un rey extranjero, ajeno a la realidad de Castilla. En el mismo período se produjeron levantamientos similares, como el de *Germanies* en Valencia y Mallorca.

Padilla se convirtió en uno de los líderes del ejército comunero, pero en 1521 fue apresado y ajusticiado. María Pacheco resistió en Toledo durante meses, hasta que tuvo que rendirse. A pesar de eso, al cabo de un tiempo volvió a dirigir una revuelta que, entre otras cosas, pretendía liberar a los comuneros presos en el alcázar de la ciudad. El 1 de octubre de 1521 la corona perdonó a buena parte de los comuneros, pero no a María, que tuvo que exiliarse en Portugal.

Mary Montagu

REINO UNIDO
Siglo XVIII

Lady Mary Wortley Montagu fue una aristócrata británica que destacó como escritora y viajera, además de ser una persona comprometida con las causas sociales, sobre todo en cuestiones relacionadas con el bienestar de las mujeres. Entre su círculo de amistades hubo personalidades como Mary Astell, considerada por muchos la primera feminista británica. Mary Montagu se casó con un diplomático que fue enviado como embajador a Turquía. Las cartas de Mary Montagu son famosas por la descripción del Imperio otomano y de sus célebres harenes (dicen que fue una de las primeras mujeres occidentales que los visitó).

Pero una de las acciones más extraordinarias de Mary Montagu fue su lucha contra la viruela. Descubrió un método similar a la vacuna que se utilizaba en el mundo árabe y lo llevó a Inglaterra para combatir aquella terrible enfermedad. Como era mujer y no tenía formación académica, no le hicieron mucho caso, pero ella vacunó a su propia hija con éxito y, después, a las mismísimas herederas del trono. Aunque muchos atribuyen al doctor Edward Jenner el descubrimiento de la vacuna, Mary Montagu podría merecer con justicia este honor.

Anne Bonny

IRLANDA
Siglo XVIII

Durante el siglo XVIII, el comercio entre las metrópolis europeas y sus colonias en América, sobre todo en el Caribe, dio lugar a figuras extraordinarias, como la pirata más famosa de todos los tiempos, Anne Bonny.

Anne Bonny nació en Irlanda, pero pronto se trasladó a América y ya desde joven destacó por su carácter aguerrido. A los 16 años se enamoró de un pirata y, a pesar de la oposición de su padre, se casó con él. Cuando Anne Bonny descubrió que su marido trabajaba como espía, se separaron. Fue entonces cuando conoció al capitán Jack Rackham, otra figura legendaria, con quien tendría un hijo.

Durante buena parte de su trayectoria como pirata, Anne se disfrazó de hombre para pasar desapercibida y ser aceptada por la tripulación. Se ve que a los piratas no les gustaba demasiado tener compañeras mujeres, excepto para abusar de ellas, así que, por pura supervivencia, Anne hizo ver que era un hombre. Es un caso muy parecido al de Mary Read, otra pirata legendaria con quien Bonny coincidió en una de las travesías más importantes de sus vidas.

En octubre de 1720, un cazador de piratas alcanzó el barco de Rackham y lo atacó hasta acabar con buena parte de la tripulación, que estaba borracha, excepto Anne y Mary, que fueron las únicas que plantaron cara. En Jamaica todos los piratas fueron condenados a la horca, pero las dos mujeres ganaron una prórroga… ¡porque estaban embarazadas! Mary murió en la prisión de unas fiebres, pero Anne Bonny pudo dar a luz y sobrevivir. De hecho, algunas fuentes afirman que murió tranquilamente en la cama siendo ya una ancianita. Aunque nunca se sabe… ¡Palabra de pirata!

Ana María de Soto

**ESPAÑA
Siglo XVIII**

Ana María de Soto fue la primera mujer de la historia que se alistó en la infantería de la marina española (es decir, en los grupos de militares que iban en los navíos para atacar en los abordajes o en los desembarcos).

Como tantas otras mujeres de la historia, se enroló en el ejército ocultando su condición femenina. Un tal Antonio María se alistó en el verano de 1793 en San Fernando de Cádiz y participó en diferentes batallas a bordo de las fragatas Mercedes y Matilde (sí, los barcos tenían nombre de mujer).

En una de tantas, le hicieron un examen médico (no se sabe si fue porque estaba enferma o por pura rutina). Por supuesto, descubrieron el engaño y la expulsaron de la tripulación, para que fuera convenientemente castigada. Sin embargo, el rey Carlos IV, lejos de castigarla, reconoció su valor, la ascendió a sargento a título honorífico y le concedió una pensión. Eso sí, «para atender a sus padres», no fuera a ser que Ana María de Soto volviera al mar.

Charlotte Corday

FRANCIA
Siglo XVIII

Pocos momentos de la historia de Europa han sido tan vibrantes, influyentes y aterradores como la Revolución Francesa. En pocos años, el sistema de poder que había dominado el continente se hizo añicos y surgieron nuevas formas de organizar la sociedad. El cambio no fue pacífico en absoluto, y se enfrentaron dos grandes bandos, dentro de los revolucionarios: los jacobinos (los más extremados) y los girondinos (más moderados). Charlotte Corday, una joven normanda de orígenes aristocráticos, se situó al lado de los girondinos y asesinó a uno de los líderes del bando contrario, Jean-Paul Marat. Este hecho fue uno de los más destacados de la revolución, y Charlotte, condenada después a morir en la guillotina, una de las protagonistas del período.

Ida Laura Pfeiffer

AUSTRIA
Siglo XIX

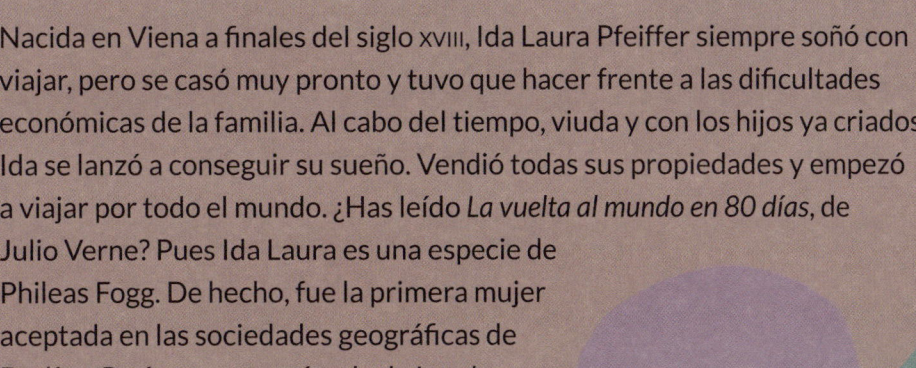

Nacida en Viena a finales del siglo XVIII, Ida Laura Pfeiffer siempre soñó con viajar, pero se casó muy pronto y tuvo que hacer frente a las dificultades económicas de la familia. Al cabo del tiempo, viuda y con los hijos ya criados, Ida se lanzó a conseguir su sueño. Vendió todas sus propiedades y empezó a viajar por todo el mundo. ¿Has leído *La vuelta al mundo en 80 días*, de Julio Verne? Pues Ida Laura es una especie de Phileas Fogg. De hecho, fue la primera mujer aceptada en las sociedades geográficas de Berlín y París, pero no así en la de Londres, precisamente por ser mujer.

Recorrió buena parte del mundo por tierra y por mar, y reflejó sus andanzas en una serie de libros que llegaron a ser muy populares. Además contribuyó al adelanto de las ciencias naturales, gracias a las observaciones que realizó en sus viajes.

Mary Anning

REINO UNIDO
Siglo XIX

Entre los siglos XVIII y XIX la ciencia progresó de manera extraordinaria. Y no fue, ni mucho menos, solo cosa de hombres. Aunque las mujeres lo tenían muy complicado, algunas consiguieron destacar en aquel gran desarrollo científico. Un buen ejemplo es Mary Anning, la primera paleontóloga reconocida (sí, los dinosauros *tampoco* son solo cosa de hombres). Empezó recogiendo fósiles y, poco a poco, se especializó en el conocimiento de los dinosaurios. Creó una colección muy importante y contribuyó a completar, por primera vez, el esqueleto de especies como el ictiosauro. Por desgracia, como era mujer (y no de clase alta), la comunidad científica de su tiempo le negó la importancia que sin duda merecía.

Clärenore Stinnes

ALEMANIA
Siglo XX

Stinnes fue toda una celebridad en la Europa de los años veinte. Piloto de coches de competición, con 24 años participó en su primera carrera y consiguió cerca de 20 victorias, lo que la convirtió en un referente del automovilismo deportivo. Además, gracias al patrocinio de la creciente industria alemana, Clärenore dio la vuelta al mundo en coche junto a otro joven aventurero, Carl-Axel Söderström, con quien se casaría al regresar del viaje. Pero no os penséis que recorrieron el mundo en un coche especial, no: los más de 47 000 kilómetros que realizaron los hicieron al volante de un Adler Standard 6, un coche de gama media-alta que demostró una gran resistencia en un trayecto que supuso cruzar grandes parajes naturales como los Andes. Y entonces, no lo olvides, no existían las autopistas. La hazaña fue tan grande que el mismo presidente de los Estados Unidos, Herbert Hoover, los recibió en Washington durante su escala en la capital americana.

Mata Hari

HOLANDA
Siglo XX

Seguro que alguna vez has oído hablar de Mata Hari, la espía más famosa de todos los tiempos. Su nombre de pila era Margaretha Geertruida Zelle (sí, dicho así tiene poco *glamour*) y nació a finales del siglo XIX en Holanda. En aquel tiempo, la actual Indonesia era una colonia holandesa y Margreet (como la llamaban en casa) se mudó al continente asiático cuando era muy joven. Allí se casó con un militar con el que tuvo un matrimonio fracasado. Al mismo tiempo, aprendió las danzas del país y las técnicas de seducción que aumentarían su leyenda.

Durante los primeros años del siglo pasado, Mata Hari, ya con este nombre artístico, triunfó en Europa como bailarina. Sus danzas orientales, sugerentes y originales, fueron un hito en unos años de gran innovación en esta disciplina artística. Además, tuvo romances con personalidades adineradas e influyentes, lo que aumentó la leyenda negra alrededor de su figura. Pero lo que realmente la convirtió en un mito fue su carrera como espía infiltrada en Francia y el Reino Unido, al servicio de Alemania. Hay quien dice que, habiendo sido una persona tan famosa, le costó ser discreta en una tarea tan delicada como el espionaje. Lo cierto es que al final fue descubierta, arrestada, condenada a muerte y ejecutada con 41 años.

Las hermanas Touza

**ESPAÑA
Siglo XX**

¿Sabías que tres hermanas de Ribadavia, en el interior de Galicia, no lejos de Portugal, salvaron a cientos de judíos durante la Segunda Guerra Mundial? A pesar de ser una historia impresionante, se trata de un episodio casi desconocido hasta ahora. Lola, Amparo y Julia Touza organizaron una red para salvar a judíos de la persecución nazi desde su quiosco de Ribadavia, situado frente a la vía del tren. Gracias a este medio de comunicación, las hermanas establecieron un sistema que permitió que cientos de judíos dejaran Europa y huyeran de los territorios ocupados por los nazis o gobernados por sus aliados (como era el caso de España). Las tres se jugaron la vida, y, probablemente por eso, decidieron guardar silencio sobre su gran acto de solidaridad. Al cabo de muchos años, de manera casual, se supo que estas tres gallegas habían sido unas mujeres extraordinarias. Diferentes libros y una película devolverán al presente este ejemplo de coraje, imaginación y empatía.

Nora Baker

REINO UNIDO
Siglo XX

Noor Inayat-Khan, conocida por el pseudónimo de Nora Baker, fue una heroína británica de la Segunda Guerra Mundial. Su vida se parece mucho a la de Yvonne Cormeau y a la de tantas otras mujeres que dieron un paso al frente en uno de los momentos más duros de la historia. Sin ellas, todo hubiera sido todavía mucho más terrible.

Nora Baker pertenecía a una culta familia musulmana procedente de la India. De hecho, es la primera persona reconocida como heroína de guerra británica que profesaba esta religión. Durante su juventud tuvo una excelente formación musical y literaria, y, poco antes de la guerra, empezó a publicar sus primeros textos, algunos de literatura infantil.

Cuando estalló la Segunda Guerra Mundial, la familia vivía en Francia. Ante la ocupación de las tropas nazis, huyeron a Inglaterra, ya que tenían la nacionalidad británica. A pesar de haberse formado en una tradición pacifista, inspirada por las enseñanzas de Gandhi, Nora decidió implicarse en la lucha contra el nazismo y se preparó como operadora de radio.

La enviaron a Francia y allí colaboró con la resistencia, interceptando mensajes del enemigo, hasta que fue capturada por la Gestapo. A pesar de escapar en un primer momento, la volvieron a pillar y no pudo liberarse. Fue condenada a muerte y trasladada al campo de concentración de Dachau, donde la fusilaron junto a otras compañeras de las Fuerzas de Operaciones Británicas. Tanto el gobierno británico como el francés le otorgaron a título póstumo las principales condecoraciones.

Alexandra David-Néel

**FRANCIA
Siglo XX**

La vida de esta mujer es quizás una de las más impresionantes, fascinantes y sorprendentes de la historia. Orientalista, escritora y exploradora, fue una activista política anarquista, además de pianista, cantante de ópera, compositora, fotógrafa y conferenciante.

Es imposible resumir todo lo que vivió y consiguió Alexandra en sus 101 años de vida. Para que te hagas una idea de su vitalidad, cuentan que poco antes de morir se había vuelto a renovar el pasaporte para continuar sus viajes.

Nacida en Francia en una familia un poco particular, desde muy pequeña demostró ser un espíritu libre. Estudió música, destacó como cantante de ópera, se convirtió al budismo, se casó y se separó amistosamente para iniciar su largo viaje en solitario por Asia.

Fue la primera mujer en entrevistarse con el dalái lama, y la primera persona occidental en entrar en Lhasa, la ciudad budista prohibida del Tíbet, disfrazada de peregrino tibetano. La aventura estaba planificada para tener una duración de tres meses, pero se convirtió en en un periplo de tres largos y difíciles años, durante los cuales tuvo que enfrentarse a tigres, osos, lobos y bandidos, al terrible frío, a las tormentas, al hambre y a los estrechos y vertiginosos pasos a cinco mil metros de altitud. De su expedición con cuatro personas y siete mulas solo llegarían a su destino ella y un chico tibetano que llegó a adoptar. Todas esas aventuras las narró en uno de sus numerosos libros (*My Journey to Lhasa*).

Oceanía

Oceanía es, para muchas personas de otros lugares, una gran desconocida. Australia y Nueva Zelanda son dos países grandes y poco poblados, pero con una rica tradición cultural propia, que se mezcló más tarde con la cultura inglesa que trajo la colonización. La relación del Reino Unido con este continente explica el perfil de las dos mujeres extraordinarias que ahora te presentamos.

s. XIX   s. XX

Edith Corbet

**AUSTRALIA
Siglo XIX**

Edith Corbet fue una de las pintoras más importantes del siglo XIX. Su padre, un inglés capitán de barco, compró propiedades en Australia, donde ella nació. Al cabo de un tiempo regresaron a Inglaterra y fue en Europa donde Edith inició su carrera artística.

Junto con su marido, el también pintor Arthur Munch, viajó a Roma, que era en aquel tiempo una de las ciudades más importantes para los artistas. Allí se vinculó a grupos de pintores originales y renovadores, y destacó sobre todo como paisajista y retratista. Si tienes oportunidad, investiga sus trabajos. Encontrarás unos paisajes exquisitos con un dominio de la luz espectacular, *Cicero's Villa and the Bay of Baiae* es un gran ejemplo, aunque Edith destacó también en el tratamiento de la figura humana. *The Sleeping Girl* es otra gran muestra de su enorme capacidad creativa.

Nancy Wake

NUEVA ZELANDA
Siglo XX

Durante la Segunda Guerra Mundial, Nancy Wake trabajó como espía para el gobierno británico y colaboró con la resistencia francesa, lo que le valió algunos de los principales reconocimientos honoríficos de ambos países.

Nancy nació en Nueva Zelanda, pero pasó buena parte de su juventud en Sídney, Australia. De formación autodidacta, durante los años treinta se convirtió en periodista y trabajó como corresponsal para la prensa norteamericana. Sus crónicas fueron un testimonio de primera mano del ascenso de los nazis al poder.

La Segunda Guerra Mundial la sorprendió en Marsella. Ante la ocupación alemana, Nancy se unió a la resistencia y trabajó como mensajera. Pronto se convirtió en una de las personas más buscadas por la Gestapo. Consiguió huir al Reino Unido, donde se unió a la Dirección de Operaciones Especiales, como también hicieron Yvonne Cormeau y Nora Baker. Participó en el desembarco de Normandía y, después de aterrizar en paracaídas en el norte de Francia, contactó con grupos de la resistencia para contribuir a la victoria final contra el nazismo.

Al acabar la guerra, Nancy Wake vivió entre Inglaterra y Australia, donde desarrolló una intensa actividad política. Murió con 98 años, después de recibir reconocimientos en varios países y de contar su vida en una autobiografía que fue en auténtico éxito. No podía ser de otra manera, la vida de Nancy Wake fue realmente extraordinaria.